COURS D'ART

ET D'HISTOIRE MILITAIRES

COURS D'ART

ET DE TACTIQUE MILITAIRES.

12967

COURS D'ART

ET DE TACTIQUE MILITAIRES,

PAR

LE Vic.^{te} DE BOUŸN, ÉDOUARD-HENRI,

Officier supérieur au 5e régiment de Cuirassiers, Membre de la Légion-d'Honneur et de plusieurs Ordres étrangers, ancien Élève des Écoles militaires de Saint-Cyr et de Cavalerie.

> Il n'y a point de science plus difficile que celle de la guerre, et cependant, par une étrange contradiction de l'esprit humain, ceux qui embrassent cette profession ne donnent que peu ou point d'application à son étude ; ils semblent croire que la connaissance de quelques vaines et puériles manœuvres constitue le grand homme de guerre.
> LLOYD.

LILLE.

IMPRIMERIE DE L. DANEL.

1865

COURS D'ART

ET DE TACTIQUE MILITAIRES.

CHAPITRE PREMIER.

Art militaire. — Stratégie. — Tactique — Guerre. — Armée. — Réserve.

Le but de ce Cours est de donner aux officiers l'expérience qui leur manque, s'ils venaient, avant de l'avoir acquise, à être appelés à un commandement. La théorie du métier est facile, mais les applications en sont très-délicates.

La science de l'art militaire ne provient que de l'expérience des faits. L'art militaire consiste dans l'étude approfondie des institutions, des lois, des règlements, de l'administration, des détails du service, et de tout ce qui se rattache en général ou en particulier à l'organisation de l'armée et à l'existence physique et morale du soldat, non seulement dans le pays que l'on sert, mais encore chez les autres nations. — L'art militaire diffère de l'art de la guerre, en ce que celui-ci réside moins dans la mise en pratique des principes établis, que dans l'habileté à profiter des circonstances; un officier peut posséder l'art militaire et n'être pas un bon général; de même qu'un excellent chef d'armée peut être fort ignorant de l'histoire des peuples et des différents codes militaires.

L'étude des faits militaires a montré que certaines manœuvres amenaient de bons résultats : alors on a pu établir des règles ; ce sont ces règles que comporte l'étude de la tactique et de la stratégie.

La stratégie, dit l'archiduc Charles d'Autriche, conçoit et forme le plan des opérations de la guerre, en embrasse l'ensemble et détermine leur marche.

La tactique, qui est l'art indispensable à tout chef de troupe, enseigne la manière d'exécuter les plans de la stratégie ; les plans généraux d'opérations militaires et les mouvements d'armée qui en sont la conséquence, sont donc stratégiques, et les mouvements ou l'emploi particulier des troupes sont tactiques. On pourrait dire : l'une opère sur la carte, l'autre sur le terrain.

Dans un plan de campagne, ou système arrêté d'actes qu'on se propose d'accomplir, la base d'opération d'une armée se compose du pays qu'elle couvre, qui fournit à ses besoins, qui lui envoie chaque jour les moyens de toute espèce qu'elle consomme en hommes, chevaux, vivres et munitions, et qui reçoit ses malades et ses blessés ; — la ligne d'opération se détermine par la direction générale de la marche qu'indique l'objet d'opérations, le point qu'on veut atteindre, ou, comme on dit, l'objectif ; — le front stratégique est la ligne qu'une armée occupe en avant de sa base, c'est-à-dire par laquelle elle fait face à l'ennemi. Les points stratégiques sont ceux qu'il convient d'occuper, soit pour menacer les communications de l'ennemi, soit pour couvrir les siennes propres. Les lignes stratégiques lient divers points stratégiques.

La stratégie se pose à résoudre ce problème : se trouver toujours le plus fort, partout où l'on voudra atteindre son adversaire, ou résister à un choc dont il nous menace lui-même ; lequel problème fondamental se décompose en ces quatre expressions partielles : 1° porter par des combinaisons le gros des forces d'une armée successivement sur les points décisifs d'un théâtre de guerre, et autant que possible sur les communications de l'ennemi, sans compromettre les siennes ; 2° manœuvrer de manière à engager le gros des forces contre des fractions seulement de l'armée ennemie ; 3° un jour de bataille, diriger également, par des manœuvres tactiques, le gros de ses forces sur le point décisif du champ de bataille, ou la partie de la ligne ennemie qu'il importerait d'accabler ; 4° faire en sorte que ces masses ne soient pas seulement présentes sur le point décisif, mais qu'elles y soient mises en action avec énergie et ensemble, de manière à produire un effet simultané.

La stratégie concerne les marches qui sont exécutées par les différents corps pour se diriger sur tels ou tels points. Lorsqu'un général connaît exactement la topographie d'un pays, son plus ou moins d'habileté lui fait tirer parti de cette connaissance pour combiner ses moyens d'attaque et de défense, même les ressources dont il peut faire usage pour opérer une retraite. Une fois la bataille engagée, la tactique succède à la stratégie, et encore les règles de celle-ci servent-elles dans bien des occasions, même sur le terrain du combat, à faire porter dans des directions plus ou moins avantageuses, des troupes dont l'action peut devenir décisive dans un moment déterminé par les péripéties de l'engagement.

Les principes stratégiques ont été les mêmes dans tous les temps ; tandis que la tactique est soumise non-seulement à l'emploi des machines et des armes de guerre, mais encore aux inspirations diverses des grands capitaines qui dirigent l'action sur le champ de bataille. La stratégie peut s'apprendre comme toute autre science ; son étude est indispensable à la guerre; mais le plus habile stratégiste n'est pas toujours l'homme heureux le jour du combat, parce que le stratégiste est soumis à des règles invariables, tandis que le tacticien n'obtient ses succès que par suite d'une étincelle qui jaillit en lui à l'instant décisif et ne provient d'aucune espèce de combinaison préalable. Un principe commun à la stratégie et à la tactique, c'est de prendre l'offensive ; par là, on inspire de la confiance à ceux que l'on commande, et de la crainte ou au moins de l'hésitation à ceux que l'on attaque.

La stratégie, dit le général Bardin, est la grande conception des manœuvres hostiles; la tactique est l'emploi momentané des évolutions.

On distingue la tactique d'ordonnance et la tactique générale ; la première s'occupe de l'instruction et des manœuvres particulières à chaque arme ; la seconde embrasse l'ensemble des mouvements d'armée et les diverses combinaisons de l'ordre de bataille.

Devant l'artillerie qui va se perfectionnant et qui acquiert une mobilité jusqu'alors inconnue, l'ordre profond employé anciennement perd de son crédit et l'on adopte l'ordre mince qui présente un plus grand front et donne beaucoup plus de feux. On crée la science des manœuvres par lesquelles on passe rapidement et sans confusion, de ordre profond à l'ordre mince et réciproquement. Notre tactique, dit le général Bardin, tout en empruntant beaucoup de la tactique prussienne, en a dédaigné cette multitude de manœuvres, elle a reconnu lourdes, superflues ou de double emploi. les contre-marches de bataillons en bataille, les conversions de bataillons en aiguilles de montre, les marches sinueuses par le flanc, les conversions à reculons, les changements de direction processionnels, les rompements successifs par subdivisions, les conversions de masses serrées, les manœuvres à marches obliques de bataillons, les changements de direction d'échelons, les amincissements de profondeur, les changements de front à pivot vide ; mais notre tactique a imité, amélioré les ploiements et déploiements, les dégagements des pivots des colonnes conversant en marche, les abductions et les encolonnements d'obstacles, les passages de ligne, l'ordre oblique, la prompte manœuvre, les échelons, les retraites en échiquier, les changements de front sur plusieurs lignes et les carrés. Le même écrivain regarde notre règlement de 1791 comme le plus savant qui eut encore paru en Europe.

Si nous passons maintenant de la simple tactique d'ordonnance à la tactique générale, celle d'appliquer les manœuvres et de gagner la bataille, nous dirons, d'après le maréchal Marmont, qu'elle a le même but que la stratégie, sur une échelle moindre et sur un théâtre réduit. Au lieu d'opérer sur un vaste pays et pendant des jours entiers, on agit sur un champ dont la lunette embrasse l'étendue, et où les mouvements s'accomplissent en quelques heures. La base des combinaisons, le but proposé est toujours d'être plus fort que l'ennemi sur un point déterminé. Le talent est de faire arriver inopinément sur les positions les plus accessibles et les plus importantes, des moyens qui rompent l'équilibre et donnent la victoire ; d'exécuter enfin avec promptitude des mouvements qui déconcertent l'ennemi et le prennent au dépourvu. La tactique s'apprend surtout par l'expérience sur les champs de bataille.

DE LA GUERRE. — On entend par guerre une lutte à main armée entre deux peuples. Dans l'état actuel des sociétés, lorsqu'une difficulté éclate entre deux peuples, et qu'elle ne peut être aplanie par des accords mutuels, elle se lève par les armes, et alors a lieu la guerre ; elle se termine à l'avantage du plus fort. Anciennement, la guerre finissait par la destruction totale des vaincus; puis ensuite par l'exploitation ; le vaincu était esclave chez le vainqueur. Plus tard, on fondait la population au milieu des pays du vainqueur. Le droit des gens dans la guerre n'entraîne plus le dépouillement des particuliers, ni un changement dans l'état des personnes; la guerre n'a action que sur le gouvernement. Ainsi, les propriétés ne changent pas de mains; les magasins de marchandises restent intacts; les personnes existent libres. Sont seulement considérés comme prisonniers de guerre, les individus pris les armes à la main et faisant partie de corps militaires. Ce changement a beaucoup diminué les maux de la guerre ; il la rend moins sanglante et moins désastreuse. Une province conquise prête serment, et si le vainqueur l'exige, donne des otages, rend les armes Les contributions se perçoivent au profit du vainqueur, qui, s'il le juge nécessaire, établit une contribution extraordinaire, soit pour pourvoir à l'entretien de son armée, soit pour s'indemniser lui-même des dépenses que lui a occasionnées la guerre.

Les traités sont les tableaux fidèles du plus ou moins de succès d'une guerre ; la manière de faire la guerre a varié aux différentes époques. Aux premiers temps on ne se servait que de forces brutes : l'on combattait sans aucun ordre Un peu plus tard on vit les avantages des obstacles, et on étudia les positions du terrain ; plus tard encore, on comprit que si l'on parvenait à augmenter la vitesse et la force de l'homme, on aurait un grand avantage. On forma alors la cavalerie et on se servit d'éléphants. Les Grecs, attaqués par des cavaliers et des éléphants, sentirent le besoin de se réunir : Ils furent les premiers qui combattirent en ordre dans les batailles. A la suite de perfectionnements successifs, on est arrivé au point où nous en sommes maintenant

Pour bien faire la guerre, il faut y être préparé ; il faut avoir organisé toutes les ressources du pays. C'est ce qui constitue le système militaire d'une nation. Il faut ensuite disposer ces ressources de manière à les avoir sous la main. Chaque peuple règle différemment son système militaire suivant l'état de son industrie, de sa population, de l'étendue et de la nature de ses frontières. Ainsi, la Prusse, qui n'a pas de frontières naturelles, a besoin d'une plus grande force militaire que l'Espagne. Les provinces agricoles peuvent avoir sur pied une armée plus considérable que les provinces industrielles. Le systême militaire de tous les peuples comporte une armée permanente, une réserve et un matériel.

L'armée est une force militaire plus ou moins considérable, composée de corps de toutes armes. L'armée permanente est organisée de manière à pouvoir se mettre en campagne au premier signal, ou en d'autres termes, c'est une force militaire telle qu'elle est entretenue aujourd'hui dans la plupart des États civilisés.

L'armée de réserve est destinée à remplir les cadres de l'armée permanente : c'est cette partie de l'armée qu'on laisse dans ses foyers pour ne la mettre en activité que lorsque les circonstances l'exigent. Un nouveau système d'organisation de la réserve a été mis en vigueur depuis quelques années ; en voici les dispositions principales, telles qu'elles résultent d'une circulaire de M. le maréchal Randon, ministre de la guerre, en date du 10 janvier 1861 :

« Les jeunes soldats de chaque contingent, après avoir été immatriculés au titre des corps auxquels ils ont été affectés, suivant leur aptitude, sont divisés en deux portions, comprenant :

» La première portion, les jeunes soldats immédiatement nécessaires au recrutement de l'armée active.

» La seconde portion, les jeunes soldats destinés à faire partie de la réserve.

» Les jeunes soldats de la première partie du contingent sont dirigés comme par le passé sur les dépôts de leurs corps, pour y être habillés, équipés, et y recevoir les premières notions de l'instruction militaire ; ils sont ensuite répartis dans les bataillons actifs.

» Quant aux jeunes soldats de la deuxième portion, il est procédé à leur égard de la manière suivante :

» Pour l'infanterie, il est placé un ou plusieurs dépôts d'instruction par département, selon l'importance du contingent annuel de ce département et les ressources du casernement.

» Les jeunes soldats de la deuxième portion, destinés aux armes spéciales (cavalerie et artillerie), sont réunis pour leur instruction élémentaire, au corps de leur arme le plus à proximité.

» Après le départ des jeunes soldats destinés aux bataillons actifs, les jeunes soldats de la deuxième portion du contingent sont rassemblés dans les dépôts d'instruction de leur département, pour y être exercés la première année pendant trois mois, après lesquels ils sont renvoyés provisoirement dans leurs foyers.

» La deuxième année, ils sont rappelés dans les dépôts, pour y être exercés de nouveau pendant deux mois.

» Après ces deux rassemblements dans les dépôts, les hommes de la deuxième portion du contingent ne sont plus assujettis qu'aux revues trimestrielles de la réserve. »

L'application de ce nouveau système de réserve paraît avoir donné jusqu'ici des résultats satisfaisants.

Par réserve, on entend encore un corps d'armée qu'un général dispose à part dans son ordre de bataille ou dans ses combinaisons stratégiques, de telle manière qu'il peut le diriger avec rapidité sur les divers points où son action devient nécessaire. Ce corps est généralement composé de troupes d'élite, car lorsqu'il est mis en mouvement, c'est presque toujours pour rétablir une attaque ou une défense compromise, ou bien pour décider du succès du combat.

CHAPITRE II.

Organisation de l'armée. — Angleterre. — Prusse. — Russie. — Espagne. — France.

Le système d'organisation militaire peut se diviser en deux :
Personnel. — Matériel.

Le personnel s'organise de deux manières : au moyen de mercenaires ou de soldats nationaux. Le premier système deviendrait à notre époque trop dispendieux, et il n'y a plus dans les armées que les remplaçants qui peuvent être considérés comme tels. L'armée se recrute par voie du sort, par engagements volontaires, par rengagements et remplacements administratifs. Le nombre qui doit être appelé chaque année sous les drapeaux est fixé par une loi du budget discutée devant les Chambres. Ce nombre appelé contingent est divisé en deux parties, dont la première est immédiatement appelée sous les drapeaux, et la deuxième forme la réserve. La conscription militaire comprend tous les Français depuis l'âge de vingt ans accomplis ; ils sont liés au service pendant sept ans. La loi en France admet plusieurs cas d'exemption ; on peut aussi, au moyen du versement dans les caisses de l'État, d'une certaine somme fixée chaque année par la Commission de la dotation de l'armée, être exonéré du service militaire.

Dans la Grande-Bretagne, l'armée royale, celle qui s'envoie partout, se recrute par des engagements volontaires. Le service est de vingt ans. C'est maintenant cette armée qui fait le service de l'Inde, aidée par les corps indigènes, depuis que la Compagnie des Indes ne gouverne plus. A côté de l'armée, il existait sur le sol de la Grande-Bretagne, une milice, que depuis plusieurs années le Gouvernement tendait à diminuer, et qu'il a cessé de convoquer en 1860. Cette milice se recrutait par la voie du sort dans chaque paroisse, et devait un service de cinq ans, avec faculté de fournir un remplaçant. On rassemblait la milice une fois par an, pour l'exercer pendant vingt huit jours. Elle était destinée spécialement à la défense du royaume, et il fallait un acte du Parlement pour en envoyer une partie au-dehors. Elle est aujourd'hui remplacée par des corps de volontaires, riflemen, carabiniers et artilleurs, qui se sont organisés d'eux-mêmes tout récemment dans la crainte chimérique d'une invasion. Ils se rassemblent à des époques déterminées, pour s'exercer au tir et à des manœuvres. Ceux qui ne s'arment pas et ne s'équipent pas à leurs frais, et c'est le petit nombre, reçoivent un équipement et une subvention de l'État. — Ajoutons une yéomanry, garde nationale à cheval, que le Gouvernement convoque à sa volonté.

FORCES MILITAIRES DE LA GRANDE-BRETAGNE.

Infanterie : Garde....	6,305		
— Ligne............	81,300	94,258	
— Dépôts des régiments indiens..	6,653		
Cavalerie : Horse-Guards........	1,317		
— École............	222	13,179	
— Ligne............	10,826		139,074
— Dépôts.........	814		
Artillerie à cheval............	2,380	22,372	
— à pied..........	19,992		
Train..............................		1,840	
Génie.............................		4,906	
Corps du commissariat............		559	
Établissements divers, école d'artillerie......		1,960	

En outre de ces corps, l'Angleterre entretient aux Indes :

Infanterie : Le régiment des Indes......	3,679		
— Le corps de troupes coloniales..	5,385	61,803	
— de ligne............	52,739		84,740
Cavalerie de ligne...............		6,007	
Artillerie à cheval..............	3,136	13,930	
— à pied............	10,794		

Ce qui donne pour l'effectif des troupes anglaises un total de . . 220,814

L'Angleterre compte pour sa marine :

3,408 officiers de divers grades et 76,000 hommes composés de matelots de la flotte, mousses, garde-côtes et troupes de marine.

Flotte :

355 vapeurs, 39 voiliers; en construction : 36. Ensemble : 430 navires portant 9,756 canons.

PRUSSE.(1)

En Prusse plus que partout ailleurs, l'armée est la nation elle-même. Voici comment se recrute l'armée permanente: Tout Prussien, à l'exception des comtes et des princes médiatisés et des ecclésiastiques, est obligé au service militaire à l'âge de vingt ans; la durée du service est de deux ans pour l'infanterie, et de trois ans pour les autres armes en activité, plus trois ou deux ans dans la réserve, en tout cinq ans. Le temps de service peut n'être que de trois ans en tout, pour les engagés volontaires de dix sept à vingt ans; il peut se réduire même à un an, et se faire, à la convenance de l'enrôlé, entre sa dix-septième et sa vingt-troisième année, si celui-ci remplit certaines conditions, dont l'une est de pouvoir s'entretenir et s'habiller. — Derrière l'armée est la Landwher, dont le premier ban se compose de tous les hommes de vingt-un à trente-deux ans. Il se réunit deux fois par an pour prendre part aux exercices militaires, et peut au besoin servir à l'extérieur comme à l'intérieur.

Le second ban se compose de tous les hommes de trente-deux à quarante ans. En cas de guerre il défend les places fortes, et peut être appelé à servir comme soutien de l'armée active.

Vient enfin la Landsturm de tous les hommes au-dessous de cinquante-un ans.

La Prusse, avec une population de 19 millions d'âmes, entretient sur le pied de paix une armée de 200,000 hommes qu'elle peut porter sur le pied de guerre à 743,000 hommes.

ARMÉE PRUSSIENNE.

			Paix.	Guerre.
INFANTERIE DE LA GARDE.	4 régiments à pieds.	12 bataillons.	7,442	12,192
	4 régiments de grenadiers. .	12 »	7,442	12,192
	1 régiment de fusiliers . . .	3 »	2,107	3,067
	9	27	16,991	27,451

(1) Le Ministre de la Guerre a présenté, le 7 février 1865, une loi qui modifie la loi du 3 septembre 1814 sur l'obligation du service militaire. L'obligation du service militaire, pour tous, sera réduit à 16 ans; elle comprendra sept années de service dans l'armée, dont trois en service actif et quatre dans la réserve; puis ensuite quatre années dans le premier ban de la Landwehr et cinq années dans le second.

Le premier ban de la Landwehr ne sera appelé sous les armes que dans les temps de graves dangers qui menaceraient la patrie.

			Paix	Guerre
INFANTERIE DE LIGNE.	12 régiments de grenadiers	36 bataillons.	19,368	36,348
	8 régiments de fusiliers	24 »	12,912	24,232
	52 régiments d'infanterie	156 »	83,928	157,508
	72	216 »	116,208	218,088
	Chasseurs de la garde	1 bataillon.	534	1,006
	Carabiniers	1 »	534	1,006
	Chasseurs de la ligne	8 »	4,272	8,048
		10 »	5,340	10,060
CAVALERIE DE LA GARDE.	1 régiment de gardes du corps	4 escadrons.	604	615
	1 régiment de cuirassiers	4 »	595	606
	2 régiments de dragons	8 »	1,190	1,212
	1 régiment de hussards	4 »	595	606
	3 régiments de lanciers	12 »	1,783	1,818
	8	32 »	4,767	4,857
CAVALERIE DE LA LIGNE.	8 régiments de cuirassiers	32 escadrons.	4,760	4,848
	8 régiments de dragons	36 »	5,352	5,444
	12 régiments de hussards	52 »	7,732	7,868
	12 régiments de lanciers	48 »	7,140	7,272
	40	168 »	24,984	25,432

LANDWEHR. En temps de guerre, la Landwehr fournit :
Un régiment de grosse cavalerie, 4 de dragons, 5 de hussards et 5 de lanciers, formant un effectif de . . . . 7,272 hommes.

ARTILLERIE. Une brigade de la garde, de 12 batteries, en temps de paix, de 48 canons, et 1,829 hommes.
En temps de guerre, de 96 canons et 3,042 hommes.
8 brigades de ligne de 96 batteries :
En temps de paix, de 384 canons et . . . . 13,552 hommes.
En temps de guerre, de 768 canons et. . . . . 24,816 »

PIONNIERS. 1 bataillon de la garde, de 4 compagnies :
En temps de paix, de. . . . . » . . . 499 hommes.
En temps de guerre, de . . . . 606 »
8 bataillons de ligne de 32 compagnies :
En temps de paix, de. . . . . 3,992 hommes.
En temps de guerre, de. . . . . 4,848 »

TRAIN. 9 bataillons, garde et ligne, de 48 compagnies :
En temps de paix. . . . . 1,165 hommes.
En temps de guerre. . . . . 3,200 »

L'armée de campagne compte en tout :
Pied de paix : 191,033 hommes et 432 canons attelés.
Pied de guerre : 366,532 hommes et 864 canons attelés.

Lors de la mobilisation de l'armée, ce chiffre s'augmente des troupes de dépôt, infanterie, cavalerie, artillerie et pionniers, s'élevant à 123,923 hommes ; en y ajoutant les pionniers de réserve, la gendarmerie, les deux divisions d'écoles de sous-officiers et 95,496 hommes de la deuxième levée de la Landwehr, la Prusse arrive en temps de guerre à pouvoir mettre sous les armes 743,294 hommes.

MARINE. Son personnel en temps de paix se compose :

Un amiral, 3 capitaines de vaisseau, 5 capitaines de corvette, 50 lieutenants, 20 enseignes, 40 cadets, 60 officiers, 1,022 sous-officiers et matelots, 436 hommes de la division des chantiers, et 300 mousses.

Les troupes de marine se composent de :

4 compagnies d'infanterie comprenant, outre leurs officiers, 644 sous-officiers et soldats.

2 compagnies d'artillerie comprenant 304 sous-officiers et soldats.

FLOTTE. 39 navires; dont 8 à voiles et 31 à vapeur, et flottille à rames de 40 chaloupes portant ensemble 204 canons.

Toute cette armée est bien disciplinée, bien équipée et parfaitement armée — L'infanterie se sert de fusils se chargeant par la culasse, ce qui rend le tir bien plus rapide. Mais la difficulté du transport des munitions rend cet avantage illusoire, et il peut arriver que le jeune soldat se dégarnisse en peu d'instants de toutes ses cartouches, et se trouve ainsi désarmé à un moment donné.

ESPAGNE.

L'armée espagnole est remarquable par l'élégance de sa tenue, parfaitement armée, parfaitement équipée. — Elle manœuvre avec beaucoup d'ensemble et de régularité. — Son artillerie, presqu'entièrement composée de pièces rayées, est traînée par de magnifiques attelages de mules. — Ses officiers sont instruits et ce corps est réellement remarquable.

Son organisation diffère peu de la nôtre. Son armement et son équipement sont les mêmes; ses manœuvres de détail et d'ensemble sont aussi, à très-peu de chose près, les mêmes qu'en France. — Le soldat espagnol est très-brave, vigoureux, alerte et d'une grande sobriété.

COMPOSITION DE L'ARMÉE ESPAGNOLE.

INFANTERIE.	Corps des hallebardiers	283 hommes.
	40 régiments de ligne à 2 bataillons	
	1 régiment de Ceuta à 3 bataillons.	
	20 bataillons de chasseurs.	
	80 bataillons de réserve (officiers compris).	169,972
CAVALERIE.	4 régiments de carabiniers.	
	4 id. de cuirassiers.	
	6 id. de lanciers.	
	4 id. de chasseurs.	
	2 id. de hussards.	
	4 id. de remonte (ensemble).	16,824 hommes.
ARTILLERIE.	5 régiments à pied.	
	4 brigades montées.	
	5 brigades fixes à pied.	12,626 »
GÉNIE.	2 régiments de 2 bataillons. 14 directions.	4,046 »
GENDARMERIE	(Garde civile).	10,944 »
MILICES PROVINCIALES.	6 bataillons et 17 compagnies d'artillerie.	7,329 »
CORPS DES CARABINIERS	. . . .	11,784 »
CORPS DE LA CATALOGNE	. . . .	516 »
	Total.	234,264 hommes.

La marine espagnole comprend :

1,124 officiers, 13,645 matelots, 7,980 soldats de marine, 539 gardes des arsenaux.

La flotte comprend :

44 bâtiments à voiles avec 496 canons, et 125 vapeurs, dont 92 à hélices, vaisseaux, frégates, corvettes, canonnières, de 1 à 100 canons.

Outre ces forces, l'Espagne entretient de nombreuses troupes à Cuba, Porto-Rico, Saint-Domingue et aux îles Philippines.

L'Autriche entretient sur le pied de paix une armée de 263,00 hommes, qu'elle peut porter à 566,000 hommes.

Les troupes de la marine forment un total de 13,991 hommes. Sa flotte se compose de 64 vapeurs avec 668 canons; 51 bâtiments à voiles avec 348 canons.

En Russie, l'armée régulière se recrute en principe par la conscription, laquelle n'atteint pas certaines classes. L'armée régulière, pour que sa mobilisation soit rendue plus facile, se décompose en

— 18 —

deux groupes distincts, selon qu'elle est formée dans les provinces occidentales ou orientales de l'empire.

Le premier groupe reçoit le nom d'armée d'opérations, et est destiné aux opérations qui se dirigent contre les puissances de l'Europe. Il se subdivise en armée active ou en Landwehr ou réserve.

Le groupe des provinces orientales fait le service de l'intérieur et veille aux frontières de l'est.

Dans le premier groupe, l'homme fait quinze ans de service ; il en fait dix seulement dans le second groupe.

Dans les deux, la libération complète n'a lieu qu'au bout de vingt-cinq ans; le soldat de la garde est libéré après vingt-deux ans.

La Russie a aussi ses colonies militaires de familles de cultivateurs, dont chacune doit fournir un cavalier; mais jusqu'à présent ces colonies n'ont eu pour résultat que de fournir une race de bons chevaux.

Vient ensuite l'armée irrégulière, provenant des tribus cosaques. En échange de l'exemption de certains impôts indirects, chaque cosaque doit le service militaire avec armes et cheval.

De dix-huit à vingt-cinq ans le cosaque est exercé à monter à cheval, à manier les armes, conduire un bateau. De vingt-cinq à quarante il est inscrit sur les cadres d'un régiment, et doit marcher dans le cas où la tribu est appelée. Si la tribu n'est appelée que partiellement, les hommes s'arrangent entre eux pour indemniser par voie pécuniaire, ceux qui offrent de marcher au plus bas prix.

L'armée russe comprend l'état-major général de l'empereur, la garde impériale, le corps des grenadiers et les troupes de ligne. L'organisation se divise en arrondissements militaires.

La composition générale de l'armée comprend :

	Généraux.	Officiers.	Hommes.	
Armée active.	334	26,997	783,352	
Réserve	23	3,054	66,873	977,328 hommes.
Troupe irrégulière	30	4,665	92,000	
	387	34,716	942,225	

Pour porter ces troupes sur le pied de guerre, la réserve des provinces donne :

Vieux soldats.	503,335	»

dont 239,245 obligés au service.

Cosaques en congé, obligés au service.	144,844	»

Ce qui présenterait un total de	1,625,477 hommes.

Le journal officiel russe donne, en 1863, pour effectif alors actuel :

Armée active, 789,035 ; réserve, 98,012 ; généraux et officiers à la suite, 3,726 ; troupes irrégulières, 307,779, formant un total de 1,198,552 hommes.

Ces forces réparties en huit corps d'armée, comprennent :

INFANTERIE : 42 divisions, 112 régiments, 494 bataillons, plus, 39 bataillons de chasseurs.
CAVALERIE : 9 divisions, 58 régiments, 344 escadrons.
ARTILLERIE : 9 divisions, 42 brigades, 153 batteries avec 1,224 canons.
GÉNIE : 11 bataillons.
COSAQUES : 132 régiments.

La marine russe se compose de :

Amiraux et généraux, 95 ; officiers divers, 2,345 ; soldats et matelots, 55,216.

Flotte :

310 navires, dont 248 à vapeur et 62 à voiles, portant ensemble 3,694 canons.

ARMÉE FRANÇAISE.

L'armée française, au 1er janvier 1862, était organisée de la manière suivante :

7 corps d'armée, le 7e comprenant l'Algérie ;
Un corps d'armée d'occupation à Rome ;
Un corps expéditionnaire au Mexique ;
Un corps expéditionnaire en Chine.

Chaque corps d'armée à l'intérieur et en Algérie, est placé sous le commandement d'un maréchal de France ; les six premiers corps d'armée comprennent vingt-deux divisions. Chaque division est placée sous le commandement d'un général de division. Chaque subdivision militaire est placée sous le commandement d'un général de brigade. Un intendant-militaire est attaché à chaque division, un sous-intendant à chaque subdivision.

ÉTAT-MAJOR GÉNÉRAL DE L'ARMÉE.

Maréchaux de France		14
Généraux de division	activité et disponible	93
	réserve	83
Généraux de brigade	activité	161
	réserve	174

CORPS D'ÉTAT-MAJOR.

Colonels.	34
Lieutenants-colonels.	35
Chefs d'escadron.	109
Capitaines de 1re classe.	150
Id. de 2e classe.	149
Lieutenants.	98
École d'application. — Sous-lieutenants.	43

INTENDANCE MILITAIRE.

Intendants-généraux inspecteurs.	activité.	8
	réserve.	2
Intendants militaires.	activité.	26
	réserve.	42
Sous-intendants militaires de 1re classe.		50
Id. de 2e classe.		100
Adjoints à l'intendance militaire de 1re classe.		56
Id. de 2e classe.		24

ÉTAT-MAJOR DES PLACES.

174 places, châteaux et forts, à la garde desquels sont attachés :

29 colonels ;
15 lieutenants-colonels ;
62 chefs de bataillon, d'escadron, ou majors ;
40 capitaines de 1re classe ;
154 capitaines de 2e classe ;
15 lieutenants de 1re classe ;
27 lieutenants de 2e classe ;
4 sous-lieutenants.

TROUPES.

CENT-GARDES. — Un escadron.

GARDE IMPÉRIALE.

INFANTERIE. — 1 régiment de gendarmerie à pied.
3 régiments de grenadiers ;
1 régiment de zouaves ;
4 régiments de voltigeurs ;
1 bataillon de chasseurs à pied.

CAVALERIE. — 2 régiments de cuirassiers ;
1 régiment de dragons ;
1 régiment de lanciers ;
1 régiment de chasseurs ;
1 régiment de guides.
ARTILLERIE. — 1 division d'artillerie à pied ;
1 régiment d'artillerie monté ;
1 régiment d'artillerie à cheval ;
1 escadron du train d'artillerie ;
1 division du génie ;
1 escadron du train des équipages.

GENDARMERIE IMPÉRIALE.

La gendarmerie impériale comprend 26 légions départementales, la légion d'Afrique et la légion coloniale.

INFANTERIE.

Garde de Paris : 2 bataillons.			
Infanterie de ligne	100 régiments.	300	bataillons.
Chasseurs à pied		20	»
Zouaves	3 »	9	»
Sapeurs-pompiers		1	»
Bataillons d'infanterie légère d'Afrique. . . .		3	»
Six compagnies de discipline.			
Cinq compagnies disciplinaires des colonies.			
Régiment étranger	1 »	3	»
Infanterie indigène	3 »	9	»
1 compagnie de sous-officiers vétérans.			
1 compagnie de fusiliers vétérans.			
Total	107 régiments.	345	bataillons.

CAVALERIE

Carabiniers	2 régiments.	12	escadrons.
Cuirassiers	10 »	60	»
Dragons	12 »	72	»
Lanciers	8 »	48	»
Chasseurs	12 »	72	»
Hussards	8 »	48	»
Chasseurs d'Afrique	3 »	18	»
Spahis	3 »	18	»
Garde de Paris		2	»
10 compagnies de cavalerie de remonte.			
Total	58 régiments.	350	escadrons.

ARTILLERIE.

5 régiments à pied (Nos 1 à 5);
1 régiment de pontonniers (N° 6);
10 régiments montés (Nos 7 à 16);
4 régiments à cheval (Nos 17 à 20).
Chacun des 4 régiments à cheval a 8 batteries;
Chacun des 10 régiments montés en a 10;
Le 6° régiment de pontonniers en a 12;
Les 5 premiers régiments à pied ont chacun 16 batteries;
Ce qui donne un total de 20 régiments comprenant 224 batteries
12 compagnies d'ouvriers d'artillerie;
2 compagnies d'armuriers;
6 escadrons du train d'artillerie;
4 compagnies de canonniers vétérans.

ÉTABLISSEMENTS DU SERVICE DE L'ARTILLERIE.

Ces établissements, répartis sur différents points de l'Empire, comprennent les écoles d'artillerie et de pyrotechnie, les directions d'artillerie, les manufactures impériales d'armes, les forges et fonderies impériales, les poudres et salpêtres et les capsuleries.

Ils sont sous la direction de chefs militaires appartenant à l'artillerie. Ces établissements, à l'exception de quelques-uns, sont répartis en 12 grands commandements généraux de l'artillerie.

CORPS DU GÉNIE MILITAIRE.

Trois régiments formant six bataillons;
Deux compagnies d'ouvriers du génie;
28 directions de fortifications.

TROUPES D'ADMINISTRATION.

15 sections d'ouvriers militaires d'administration.

SERVICE DES ÉQUIPAGES MILITAIRES.

Une direction centrale des parcs et trois parcs de construction desservis par quatre compagnies d'ouvriers.

TRAIN DES ÉQUIPAGES MILITAIRES.

5 escadrons divisés en huit compagnies.

SERVICE DE SANTÉ.

1,306 médecins et pharmaciens principaux, majors et aides-majors.
A chacun de nos régiments sont attachés un médecin-major et deux médecins aide-majors.

ÉTABLISSEMENTS HOSPITALIERS.

Il en existe 57 en France et 44 en Algérie.

ADMINISTRATION DU CAMPEMENT ET DE L'HABILLEMENT.

Ce service comprend 80 officiers comptables.

ADMINISTRATION DES SUBSISTANCES.

Ce service comprend 400 officiers comptables.

REMONTE GÉNÉRALE ET VÉTÉRINAIRES DE L'ARMÉE.

Ce service consiste en 14 dépôts, 6 succursales et 2 annexes, répartis en autant de villes et communes de France, et placés sous la direction et la surveillance d'officiers de cavalerie; deux écoles de dressage, l'une à Saumur, l'autre à Paris, se rattachent à ce service.

Il existe, sur les mêmes bases, trois établissements de remonte et trois dépôts d'étalons en Algérie.

ÉCOLES MILITAIRES.

Outre les écoles régimentaires, les écoles d'artillerie et du génie, l'école normale du tir, celle de gymnastique, pour les hommes placés sous les drapeaux, la France a, pour former sa jeunesse au service militaire :

Le Prytanée militaire de La Flèche;
L'École impériale militaire de St.-Cyr;
L'École impériale polytechnique, à Paris;
L'École impériale de cavalerie, à Saumur;
L'École impériale d'application d'état-major, à Paris;
L'École impériale d'application de l'artillerie et du génie, à Metz;
L'École impériale de médecine et de pharmacie, à Paris.

Tout ce qui se rattache à l'armée de terre ressort du Ministère de la Guerre, dont les bureaux sont organisés en divisions, au nombre de sept, ayant chacune leurs attributions spéciales.

ARMÉE NAVALE FRANÇAISE.

L'armée navale active de France se compose ordinairement de 3 escadres. Chacune de ces escadres peut être subdivisée en trois divisions.

En **1862**, notre flotte comptait :

94 navires à hélices, cuirassés, dont 3 vaisseaux de 60 canons et 14 frégates de 40; 5 batteries flottantes de 18 canons, 14 de 16; et 58 chaloupes canonnières.

187 navires à hélices, non cuirassés, dont 7 vaisseaux de 120 canons, 19 de 100 et 14 de 90 ; 6 frégates de 60 canons, 22 de 40 et 2 de 20 ; plus, 20 corvettes de 10 canons, 53 avisos et 44 transports

86 navires à aubes, dont 18 frégates de 20 canons, 9 corvettes et 59 avisos.

114 navires à voiles, dont 1 vaisseau de 120 canons, 1 de 100, 3 de 90, 1 de 70 ; 7 frégates de 60 canons, 8 de 50, 9 de 40 ; 10 corvettes, 18 bricks, 23 bâtiments légers, 30 de transport.

Le recrutement donne des hommes, mais il leur faut une éducation préalable ; les hommes sont dirigés sur les différents corps, suivant leur taille, leur force, leur aptitude. Les hommes de petite taille sont destinés à l'infanterie, ceux plus grands à la cavalerie, les ouvriers forts et robustes sont répartis dans l'artillerie et le génie. Dans quelques pays, on ne se règle pas sur la taille et la force des hommes pour leur classement dans les différentes armes, mais bien sur quelques observations. Ainsi on a généralement remarqué que les hommes de l'Ouest donnaient de meilleurs fantassins, et les habitants des montagnes de meilleurs cavaliers ; aussi l'Autriche tire-t-elle sa cavalerie du Tyrol. Lorsque les recrues ont été placées dans les différents corps, il reste à s'occuper de leur éducation militaire. Elle se divise en deux parties : l'une matérielle, l'autre morale. La première apprend au soldat à se servir de son arme et à faire partie utilement d'une armée. La seconde, beaucoup plus délicate, comprend la connaissance de ses devoirs envers ses supérieurs, ses égaux, ses concitoyens. Elle lui apprend cette obéissance passive, par laquelle le soldat obéit d'une manière immédiate et sans restriction. Toutes les fois qu'une armée a une supériorité morale sur une autre, elle aura l'avantage. On maintient cette éducation morale par la discipline ; quand un soldat possède ces deux parties de l'éducation militaire, il est dit discipliné. Pour maintenir la discipline, il y a deux systèmes, les punitions et les récompenses. Pour donner cette supériorité morale à une armée, on a souvent exploité certaines passions ; ainsi le dévouement aux chefs, les convictions politiques, l'horreur de l'étranger, le fanatisme religieux, la politique.

L'expérience a démontré que, pour qu'une expédition fut utile, il fallait que l'armée totale fut subdivisée en deux armées, l'une faisant les opérations principales et allant en avant, l'autre en arrière, placée perpendiculairement à la ligne d'opérations, et dont l'objet est de renforcer cette première armée. La première est dite armée active, la seconde, armée de réserve ; à l'armée active est donné le rôle le plus important ; elle devra donc être formée des meilleures troupes. La seconde doit entretenir les communications, remplir les cadres de l'armée active ; elle doit faire les siéges que l'armée active n'a pas faits, enfin, elle doit agrandir la base d'opérations sur le derrière de celle active.

Le commandement de l'armée de réserve doit être évidemment subordonné au chef de l'armée active. Lorsqu'une guerre devient imminente, on rassemble aussitôt tous les différents corps sur un point et sous les ordres d'un général en chef et de plusieurs officiers généraux en sous-ordre. Cela s'appelle organiser une armée. Ce qui rend l'organisation d'une armée délicate, c'est surtout l'organisation du matériel de l'armée ; ainsi, il faut se procurer les vivres nécessaires, car l'armée ne trouve pas toujours sa nourriture en route. Il faudra un nombreux matériel de voitures pour transporter tout ce qui est utile à la fabrication de ces vivres ; il faut acheter des chevaux ; il en faut encore pour les attelages des parcs et des ambulances. Lorsque le personnel de l'armée et les différents services administratifs ont été organisés, on dit que l'armée est prête d'entrer en campagne.

La force d'une armée est variable ; elle est en conséquence 1° du but que l'on se propose ; 2° de l'état des finances ; 3° de la disposition des provinces chez lesquelles on portera la guerre et des provinces voisines. Ainsi, lors de la guerre d'Espagne, en 1808, il fallut une armée de deux cent mille hommes, les populations nous étant hostiles ; sous la Restauration, au contraire, il nous suffit d'une armée de cent mille hommes. La composition de l'armée varie suivant le théâtre des opérations. Remarquons aussi que la nature du terrain comporte souvent une armée peu considérable. Ainsi, en Algérie, la nécessité de tout emporter avec soi réduit l'armée à un chiffre très-faible, dix à douze mille hommes.

Voyons quelle organisation il faut donner à une armée pour la guerre. D'abord, qu'est-ce qu'une armée ? Lloyd a dit qu'une armée est une machine destinée à fonctionner. Puisque c'est une machine, il lui faut un moteur qui la mette en mouvement, puis des rouages qui exécutent le mouvement donné par le moteur. Enfin, des rouages intermédiaires qui communiquent le mouvement aux différents rouets ; le moteur est le général en chef, les rouages intermédiaires, les officiers d'état-major ; les rouets, les différentes armes. Les qualités que doit réunir une machine sont la force, la mobilité et l'agilité. Une armée devra donc réunir ces différents éléments.

Il faut à une armée un général en chef, car il faut évidemment pour qu'elle puisse agir, une volonté unique qui la dirige; pour transmettre ses commandements jusqu'aux derniers fractionnements de l'armée, il faut des officiers en sous-ordre.

L'arme qui est propre à tous les cas d'attaque et de défense, à tous les accidents de terrain, devra former la majeure partie de l'armée : c'est l'infanterie.

L'homme a trouvé dans le cheval un accessoire qui lui donne une plus grande vitesse et une plus grande force de choc, aussi a-t-on organisé la cavalerie. Les chevaux les plus vifs ne sont pas les meilleurs pour le choc, de là la formation de plusieurs cavaleries. Il faut nécessairement à une armée de la cavalerie pour la poursuite et pour assurer le gain d'une bataille.

Depuis que l'action à distance est devenue habituelle, on ne peut pas se passer d'artillerie. Il y a donc nécessité d'en avoir.

Voici les bases qui servent à fixer la quantité d'artillerie qui doit entrer dans une armée : 1° la qualité de troupes ; 2° la nature du terrain sur lequel les troupes doivent agir.

Si l'ennemi se présente avec une nombreuse artillerie (ainsi sous les guerres de l'Empire), il est indispensable d'augmenter la sienne. Il y a aussi nécessité à avoir des troupes destinées à faire les ouvrages de siège et de fortification de campagne ; ces troupes sont le génie. Le nombre en est fixé d'après la supposition des ouvrages que l'on aura à faire.

Enfin, quand une armée est en marche, il faut pouvoir fabriquer des vivres de toute espèce, car on ne pourra pas toujours en trouver chez l'habitant. Il faut donc des conducteurs et des ouvriers. C'est ce qui constitue les troupes d'administration.

Voici le rapport qui doit exister entre ces différentes armes, le chiffre de l'infanterie étant représenté par 1.

L'infanterie,		1
La cavalerie,	comprise entre	1/4 à 1/10
L'artillerie,	id.	1/16 à 1/20
Le génie,	id.	1/80 à 1 100
Les ouvriers d'administration,	id.	1/30

Nous avons dit qu'une armée devait avoir de la force; pour cela, il faut que les troupes soit bien disciplinées et bien conduites.

Pour avoir de la mobilité, il faut de bons fractionnements; pour qu'il y ait de l'agilité, il faut que les différents éléments soient bien constitués.

Nous disons que pour qu'il y ait mobilité il faut qu'il y ait fractionnement. Le fractionnement minimum est le bataillon que nous avons appelé unité de force. Il faut encore qu'entre l'armée et les différentes unités de force il y ait des fractionnements intermédiaires.

Lors de la renaissance de l'art militaire, les armées étaient peu nombreuses. Le bataillon était déjà l'unité tactique. Lorsque les armées augmentèrent, on vit Turenne former la brigade composée de quatre bataillons. Quand les armées, lors des guerres de la succession, grandirent encore et qu'il n'y eût que ces fractionnements, elles manquèrent de mobilité.

En 1788 l'armée française adopta le fractionnement de la division, et enfin le corps d'armée.

Le principe divisionnaire est la base de toute formation d'armée.

La réunion de plusieurs divisions sous un seul chef compose, soit une armée, soit un corps d'armée, soit une aile ou un centre d'armée, soit une réserve.

Hors les circonstances extraordinaires, il n'est formé de corps d'armée que pour le cas où plusieurs divisions réunies doivent, pendant une campagne au moins, agir séparément, bien que, dans le cercle d'opérations d'une armée; le commandant d'un corps d'armée est sous les ordres du commandant en chef de l'armée dont ce corps ressort.

La division est ordinairement composée de deux ou trois brigades, soit d'infanterie, soit de cavalerie. Elle comprend des troupes de diverses armes dans la proportion nécessaire. Voici ce que dit l'ordonnance. Il y a amphibologie, la loi ne disant pas nettement si une division peut renfermer les différentes armes. En 1831, les divisions de l'armée du Nord étaient mixtes, d'autres ne l'étaient pas. Lorsque la division est mixte, on a l'avantage de pouvoir faire appuyer aussitôt les mouvements d'infanterie par de la cavalerie, mais aussi les effets sont moindres que si la cavalerie était réunie par divisions.

Maintenant, une division doit-elle être de plusieurs espèces de cavalerie?

On a proposé de composer une division de cavalerie avec deux brigades de cavalerie de ligne et une légère, pour une division de cavalerie de ligne et deux brigades de cavalerie légère et une de ligne, pour une division de cavalerie légère. La cavalerie de réserve fait partie de la réserve de l'armée.

Les brigades sont formées de deux ou trois régiments, ayant toutes de l'artillerie. Lorsque les circonstances le font juger nécessaire, il est formé des brigades mixtes d'infanterie et de cavalerie légère; ces brigades sont plus spécialement chargées du service d'avant-garde.

Il est utile que la réserve soit d'une qualité supérieure. Il faut des corps d'élite; nous avons la garde impériale.

Les qualités d'un général en chef sont principalement la prudence dans la conception, l'audace dans l'exécution, la connaissance de ses sous-ordres afin de leur donner des missions proportionnées à leurs talents. Il doit remplir quelques conditions physiques : de la promptitude dans le coup d'œil, du sang-froid dans le danger, de la force, car il faut qu'il résiste à toutes les fatigues d'une campagne; d'une fermeté à toute épreuve, il doit tout voir par lui-même et sans hésitation, savoir tirer avantage des moindres circonstances.

Projeter et exécuter, telles sont les actions qui se succèdent tour à tour et sans cesse, partageant naturellement en deux parties distinctes les fonctions du commandement : le travail du cabinet et celui sur le terrain. Sur le terrain, son action est autrement variée : pour nous en faire une idée, suivons Napoléon sur le champ de bataille, le 2 décembre 1805, lors de la célèbre bataille d'Austerlitz.

A quatre heures du matin il était à cheval, reconnaissant les positions de l'ennemi, s'assurant qu'il n'a rien changé à ses dispositions antérieures. A sept heures, il réunit les maréchaux et leur donne ses ordres.

Avant de lancer les troupes du maréchal Soult à l'attaque du Pratzen, il leur adresse quelques paroles pour les animer. Il se porte sur une hauteur, suit les différentes phases de la bataille; enfin, quand l'affaire est engagée, lui-même prend le commandement de la division Vandamme, et se porte sur Aujesd.

Le général en chef est quelquefois obligé à des actions personnelles. Ainsi, Napoléon à Waterloo et au pont d'Arcole.

Au-dessous du général en chef, on comprend sous le nom d'état-major général, tous les officiers généraux destinés à commander soit une aile, soit un centre, soit une division, soit un corps d'armée.

L'intervalle qui sépare un général de division du général en chef est immense. Simple exécuteur des ordres qu'il reçoit, il n'a à agir que sur un cercle de peu d'étendue.

Cependant, comme un général de division peut être appelé à remplacer le général en chef, et que d'ailleurs souvent il se trouve dans des positions imprévues où il doit alors agir par lui-même, il lui faudra donc, autant que possible, toutes les qualités que nous avons reconnues nécessaires à un général en chef.

Les généraux commandant soit des réserves, soit l'avant-garde, doivent avoir des qualités spéciales.

Il faudra pour le commandement de la réserve, non des hommes manœuvriers, mais bien d'une grande fermeté et d'une tenacité à toute épreuve.

Pour le commandement d'une avant-garde, la mission de l'avant-garde étant de couvrir la position de l'armée et d'ouvrir la route, il faudra au général commandant une grande sagacité. Dans quelques circonstances, par exemple une poursuite, il lui faudra une grande promptitude. Murat commandait ordinairement l'avant-garde

CORPS D'ÉTAT-MAJOR.

On conçoit que, dans une armée nombreuse, le général en chef doit avoir la liberté de pensée; il faut donc remettre à des agents spéciaux la surveillance qu'il ne peut exercer par lui-même.

De là un corps intermédiaire entre le commandant supérieur et les masses qu'il est appelé à diriger.

Ce corps est celui d'état-major, en voici les fonctions :

On comprend que la conception des opérations exige une foule de documents ; de plus, le général ne pouvant pas être partout, doit cependant être renseigné. Ces documents et ces renseignements lui sont fournis par les officiers de ce corps, dont la création date de 1818.

Dans une armée le corps d'état-major se trouve sous la direction d'un officier général, qui lui-même est subordonné au général en chef. Il peut être d'un rang égal ou d'un rang inférieur.

Cet officier est chargé de la transmission des ordres, de la réunion et de la rectification des documents, en un mot, la centralisation de tout. Les remontes, le campement, les dépôts sont de son ressort. Il y a des officiers d'état-major dont la mission est d'aider cet officier d'état-major général. Ces officiers sont répartis en bureaux. Les officiers d'état-major peuvent être employés comme aides-de-camp, attachés à un bureau, ou être envoyés en mission ; ils sont encore chargés de transmettre les ordres secrets ; ils doivent en surveiller l'exécution. Tout aide-de-camp porteur d'un ordre verbal doit donc bien s'assurer qu'il est bien compris, sans cela il pourrait y avoir de funestes suites. Ainsi à Austerlitz, lors de la prise par Soult, de Pratzen, au moment où la ligne russe pliait, un aide-de-camp du général Vandamme voyant la réserve se mettre en mouvement, crut qu'elle voulait battre en retraite, tandis qu'elle s'avançait ; il prit sur lui de communiquer au général Vandamme l'ordre d'avancer ; il en résulta que le 4e de ligne perdit tout un bataillon.

Il y a aussi dans une armée les états-majors des corps spéciaux. Ainsi un directeur-général d'artillerie, un chef d'état-major du génie. En temps de guerre ce service est chargé de l'attaque et de la défense des places, des travaux de reconnaissance, des passages de rivières ou de routes. Le corps d'artillerie aux armées est chargé : de l'établissement et de la construction de toutes les batteries et du service général des bouches à feu ; de l'approvisionnement de l'armée en armes et munitions ; de la construction et de l'établissement des ponts mobiles ou de passage en bateaux.

COMPOSITION D'UNE DIVISION.

Une division est ordinairement commandée par un lieutenant-général.

Elle se compose de deux à trois brigades de l'une ou l'autre arme, chaque brigade ordinairement de deux ou trois régiments. Il y a deux batteries d'artillerie, une compagnie du génie, des troupes d'administration et une brigade de gendarmerie chargée de la police de la division et remplissant le rôle de sauve-gardes.

Le lieutenant-général commandant la division a deux aides-de-camp, un chef d'escadron et un capitaine.

Le général de brigade a un capitaine. Il peut lui être adjoint des officiers d'ordonnance.

En aide du général en chef de la division est un général de brigade ou un colonel chef d'état-major. Le nombre de capitaines nécessaires est ordinairement deux par division. L'artillerie de la division est commandée par un officier supérieur de cette arme.

Un capitaine du génie commande le personnel et le matériel du génie de la division.

Un sous-intendant et des troupes d'administration sont également attachés à la division.

CHAPITRE III.

Infanterie. — Son mode d'action. — Ordre déployé. — Ordre en colonne. — Colonne de route, — de manœuvre, — d'attaque. — Formation en carré. — Évolutions de ligne. — Formations en échelons, — en échiquier. — Dispositions défensives contre la cavalerie. — Tirailleurs.

Nous avons dit que l'infanterie était la plus nombreuse dans les armées parce qu'elle avait l'avantage d'agir de loin et de près ; parce qu'elle peut occuper tous les lieux. Aussi est-elle l'élément principal d'une armée. En plaine elle peut agir même contre les armes spéciales. Sa tactique lui en fournit les moyens. Son équipement est peu de chose.

Un des autres avantages de l'infanterie, c'est d'être facile à dresser. On peut faire la guerre même avec des recrues ; ainsi, lors de la campagne de 1813... Mais il faut que les cadres soient bons ; il a même été remarqué qu'une infanterie ainsi composée était plus propre à des coups de mains que de vieilles troupes ; en effet, ces troupes n'ont pas l'idée du danger, et si on parvient à leur imprimer quelqu'élan, on en obtient beaucoup. Enfin, encore un de ses avantages, c'est la facilité avec laquelle on la nourrit en campagne.

Cependant presque jamais une infanterie ne produit un effet maximum, car après une bataille heureuse, elle ne pourrait pas atteindre l'infanterie ennemie, qui a de l'avance sur elle, ni la cavalerie ; ainsi la bataille de Bautzen n'a pas eu de résultats, parce que l'armée française manquait de cavalerie. A Rivoli, 30,000 fantassins autrichiens ont été écrasés par un corps moins considérable, mais se composant de différentes armes.

Les résultats d'une bataille dépendent surtout et du talent du chef et de la qualité de l'infanterie.

Le soldat d'infanterie se nomme fantassin ; on exige de lui qu'il soit adroit, car l'arme dont il se sert, pour être d'un effet utile, a besoin d'être maniée avec adresse ; de plus il lui faut une certaine aptitude pour surmonter les difficultés du terrain. Il faut qu'il soit robuste. Le recrutement de l'infanterie est facile.

On a remarqué que les hommes des provinces comprises entre la Garonne et l'Elbe, donnaient de bons fantassins ; nous avons donc en France de bons éléments d'une infanterie, de plus les cultivateurs donnent ordinairement de bons fantassins, et nous en avons beaucoup.

Lorsqu'un homme est tombé au sort, il est dirigé aussitôt sur un corps quelconque ; il y reçoit des armes, un équipement, un habillement ; il a un fusil à baïonnette, qui est sans contredit la plus avantageuse des armes.

Voici les perfectionnements que le fusil a subis. D'abord la baïonnette-douille, la baguette de fer, les amorces à capsules, les fusils à percussion, les armes rayées, la carabine de précision. Quant à la portée de l'arme à feu, elle varie suivant l'inclinaison donnée au fusil. Jusqu'à la distance de 200 mètres, on a des règles certaines pour régler le tir.

Pour frapper un homme au milieu du corps, lorsque l'on se trouve sur un terrain peu incliné, on doit viser :

Jusqu'à une distance de 100 mètres à hauteur de la poitrine ;

Depuis 100 jusqu'à 140 à hauteur des épaules ;

Depuis 140 jusqu'à 180 à hauteur de la tête ;

Depuis 180 jusqu'à 200 à la partie supérieure de la coiffure ;

A partir de 200 il faut viser au-dessus de la coiffure, suivant qu'on est plus ou moins éloigné.

La portée d'un fusil sous l'angle de quatre ou cinq degrés est de 600 mètres ; sous une plus grande inclinaison, la portée va jusqu'à mille mètres ; mais au-delà de 400 mètres, la balle produit peu d'effet ; la bonne portée de l'arme est de 100 à 120 mètres.

On croit avoir reconnu que communément sur 60 balles tirées dans une action, une seulement atteint le but ; d'après des calculs qu'on peut regarder comme reposant sur des bases assez solides, il aurait été tiré du côté des Autrichiens à la bataille de Solferino, 8,400,000 coups de fusil, et l'on évalue à 2,000 tués et 10,000 blessés la perte que le feu de l'infanterie a fait éprouver à l'armée franco-sarde ; chaque soldat touché aurait donc coûté 700 coups de fusil. Ce qu'on peut ajouter, c'est que sur 20 hommes tirant dans le rang, il y en a 18 qui ne s'occupent que de charger et décharger leur arme, sans jamais viser. Le feu des tirailleurs, au contraire, est réellement meurtrier, parce que chaque homme vise avec une attention et une volonté mieux arrêtées. Dans l'armée prussienne, armée d'un fusil qui se charge par la culasse, la vitesse du tir de l'infanterie est de quatre à cinq coups par minute. La charge est le tiers de la cartouche. En augmentant la cartouche, on augmente la vitesse au sortir, mais on n'augmente pas beaucoup la portée. Le fantassin a un sabre-poignard qui ne peut guère avoir d'utilité pour l'infanterie que comme un outil, aussi la hache serait-elle préférable. A la bataille de la Trebbia, les Russes essayèrent de combattre au sabre, mais cet essai ne leur réussit pas, leurs adversaires étant armés de fusils à baïonnettes. L'équipement du soldat d'infanterie se compose d'une giberne contenant les munitions ; elles contiennent 30 cartouches ; les gibernes allemandes et anglaises en contiennent 60. Il y a deux manières de placer la giberne ; sur le ventre, elle offre plus de rapidité pour la charge, mais elle fatigue le soldat ; mais on peut la porter sur la fesse dans les marches, et sur le ventre pendant le combat. Le sac doit contenir des vivres, quelques effets de linge et chaussure, un surcroit de cartouches. Il est attaché par deux courroies se fixant par-dessus les épaules.

Quant à l'habillement, les bases en ont été posées par le maréchal de Saxe. Le soldat doit avoir les intestins couverts. La couleur des uniformes doit être sombre. En 1843, une Commission remplaça l'habit qui avait été porté jusqu'alors, par la tunique dont les premiers essais venaient d'être faits parmi certaines troupes en Algérie, et le schako par le képi, qui affecta différentes formes avant d'être ce qu'il est aujourd'hui. Sous le second empire, la tunique a été raccourcie, pour devenir une veste à très-petites basques. La capote gris de fer descend jusqu'aux genoux ; elle est garnie d'un capuchon que le soldat remonte sur la tête ; en cas de pluie, cette capote se porte par-dessus le sac comme un caban. Le pantalon est devenu flottant, et la guêtre avec jambierres et le brodequin, ont rendu le fantassin plus apte à la marche. La tenue française domine presque partout dans les armées modernes; elles ont ainsi que nous, dans la plupart des corps, remplacé les buffleteries par le ceinturon, et substitué la forme képi à la forme schako. Toutefois, dans les pays allemands, beaucoup d'armes, tant infanterie que cavalerie, ont conservé le casque prussien, surmonté d'une pique, que l'on retrouve en Russie dont il est originaire.

Les couleurs dominantes dans les armées étrangères sont : le bleu et le rouge en Angleterre ; le bleu et le marron en Espagne ; le blanc et le bleu clair en Autriche ; le vert et le gris en Prusse et en Russie.

Il faut maintenant donner une éducation au fantassin, celle physique et celle morale ; l'éducation physique tend à apprendre au soldat à se servir de son arme et à faire utilement partie d'un tout. Il faut pour cela que tous les hommes aient une similitude de positions et de mouvements. On est arrivé à la similitude de mouvements au moyen du pas emboîté et cadencé, par le tact et l'aisance des coudes ; le pas accéléré est en usage dans les armées européennes depuis cinquante ans ; avant, toutes les manœuvres se faisaient au pas cadencé.

La deuxième instruction est celle dite morale ; elle comprend la connaissance du devoir des soldats et des réglements ; cette éducation doit recevoir un supplément indispensable, et il n'y a que la guerre qui puisse le lui apprendre. De là, la différence entre des troupes neuves et de vieilles troupes. Le soldat novice ne sait pas se créer ni se conserver des ressources en pays ennemi. Le soldat peut marcher avec 25 kilogrammes et exécuter des marches de dix heures par jour. Avec ces conditions, il peut atteindre à la longue de la cavalerie, celle-ci exigeant beaucoup plus de temps pour se reposer.

L'infanterie a deux modes d'action, l'action de près et l'action à distance ; dans chacune de ces actions, il y a deux effets : l'effet réel et l'effet moral.

L'action de près consiste dans le combat à la baïonnette ; le plus ordinairement ce genre de combat n'est qu'une attaque brusque, qu'une sorte de démonstration. Nous vîmes, en 1805, un véritable combat ; il eut lieu entre les grenadiers d'Oudinot et un régiment russe du prince de Bagration. L'effet moral de cette attaque est immense ; aussi, souvent on vit des forces beaucoup plus nombreuses, reculer et battre en retraite pour éviter une charge à la baïonnette.

Souwarov s'exprimait ainsi en parlant de la baïonnette : « La balle est folle, la baïonnette est sage. » Charles XII, roi de Suède, disait à ses soldats : « Mes amis, joignez l'ennemi, ne tirez pas ; c'est aux poltrons à le faire. » La baïonnette sert merveilleusement à ce genre d'attaque ; elle a réalisé des prodiges entre les mains de l'infanterie et surtout de l'infanterie française.

Le mode à distance est celui par feux. Les feux peuvent se classer en deux grandes divisions : les feux à commandements ou feux collectifs, et les feux individuels. Ces derniers sont beaucoup plus meurtriers ; ainsi, on a remarqué dans différentes expériences, qu'à 200 mètres, sur 100 coups de fusil, il n'y en avait qu'un à porter au but dans les feux de bataillons ; à 150 mètres, 20 ; à 100 mètres, 40.

Mais on ne doit regarder tous ces nombres que comme des résultats sur lesquels on ne peut pas se fier exclusivement, car dans ces différentes expériences, les hommes tirent sur des êtres inanimés, n'éprouvent pas l'émotion qu'ils ressentent lorsqu'ils sont en présence d'un ennemi qui riposte.

Voici quelques indices qui servent à déterminer, mais que d'une manière approximative, la distance où l'on se trouve et à laquelle on doit commencer les feux : à 2,000 mètres (portée maximum du fusil), les objets n'apparaissent que comme un point ; à 1,200 mètres, on commence à les distinguer ; à 900 mètres, la tête devient distincte du corps ; à 400 mètres, les mouvements individuels deviennent visibles.

Les feux individuels sont autrement meurtriers que les feux à commandement.

Les feux de commandement se divisent en feux de bataillons, de demi-bataillons, de divisions et de pelotons. Tous les feux à commandement exigent une très-grande attention de la part de ceux qui les commandent et de ceux qui les exécutent, ce qui les rend très-difficiles à la guerre. Ils produisent peu d'effet réel, chaque homme étant gêné dans sa position ; l'obligation d'avoir les coudes abattus empêche de viser. L'avantage est qu'on peut voir après chaque décharge, l'effet exact produit par ces feux. De plus, l'effet moral est très-grand. Les feux de bataillons trouvent quelquefois une application utile dans un mouvement offensif, et quelquefois aussi dans un mouvement de retraite. La troupe, après s'être arrêtée, exécute une ou deux décharges et reprend ensuite sa marche. On exécutera encore les feux de bataillon dans les attaques par surprise, avant de se jeter baïonnettes basses sur l'ennemi, afin d'augmenter l'effet moral. Ainsi à Austerlitz, lors de l'arrivée de Soult à Pratzen, le 55ᵉ régiment surprit un bataillon russe ; il exécuta des feux de régiment ; le bataillon russe battit alors en retraite, suivi par le 55ᵉ exécutant des feux de peloton; il continua ainsi à se prolonger sur le plateau, et quand il fut en présence de la cavalerie russe, il exécuta les feux de deux rangs.

Les feux de peloton et de division ne conviennent guère qu'à de l'infanterie postée et pour laquelle il ne s'agit que d'arrêter ou de contenir des attaques peu régulières ; ils s'emploient aussi pour la défense d'un retranchement.

Les feux à commandement par rangs étaient déjà connus sous Turenne. On en a fait des expériences au camp de Boulogne. Ils sont bons contre de la cavalerie, car alors on oppose des décharges successives à des attaques successives.

Sous l'Empire, on fit aussi exécuter des feux par les deux derniers rangs ; le premier croisait la baïonnette. Ces feux s'exécutaient contre des charges de cavalerie.

Il y a encore les feux de chaussée ; je suppose qu'un bataillon soit en colonne par peloton, le premier peloton fait feu, puis se coupe en deux en se formant à gauche et à droite en bataille ; le peloton suivant exécutera son feu de peloton, puis le même mouvement, et ainsi de suite. Cette manière a l'avantage de donner des feux plus actifs sur un même front. Ces feux sont bons dans des attaques de rues et de villages.

Le feu le plus habituel que l'on exécute est celui de deux rangs, qui permet aux hommes d'ajuster avec plus de soin.

Le feu de deux rangs a l'inconvénient, au moment où il s'engage, d'être excessivement lent, aussi ne produit-il son maximum d'effet qu'après quelque temps ; on pourrait obvier à cet inconvénient en faisant commencer le feu par le centre de chaque demi-section.

Ces feux sont surtout propres à l'action de résistance et de pied ferme.

Certaines populations sont plus propres à l'exécution des feux. Ainsi les Anglais, de tout temps, ont été les meilleurs tireurs. Rappelons-nous des anciens archers anglais et des feux de l'infanterie anglaise à Fontenoy.

Pour les différentes attaques à distance et de près, le bataillon est formé ainsi que nous le connaissons ; sa disposition sur le terrain est dite formation primitive ; c'est un rectangle ; la longueur de ce rectangle doit être comprise entre 150 et 200 mètres. Au-delà il cesse de devenir maniable ; la profondeur est déterminée par le nombre de rangs que l'on veut avoir, deux ou trois. L'un et l'autre systême de se former sur deux rangs ou sur trois, a des inconvénients et des avantages. Sur deux rangs les feux sont plus faciles et le développement du front est plus grand, en sorte qu'avec une troupe plus faible que celle de l'ennemi, on pourra occuper le même front sans pour cela ouvrir les intervalles ; mais aussi cette formation offre moins de solidité. Les Anglais se forment sur deux rangs. Les Russes et les Autrichiens sur trois. Mais les hommes du troisième rang sont placés en colonne derrière le centre du bataillon. Ils ont la mission de renforcer aussitôt les flancs et les points attaqués, et de fournir des tirailleurs. La même formation existe en Prusse. Le passage des tirailleurs à travers les pelotons pour se porter en avant du front, apporte sur le terrain un désordre qui souvent peut être dangereux.

Voyons un peu les avantages que réunit notre bataillon.

Guibert a dit que les conditions d'une bonne formation primitive sont d'être en rapport avec la nature des armes dont on se sert et de celles opposées ; d'être telle que les fractions tactiques soient les mêmes que les fractions administratives ; enfin, qu'elle se prête aux manœuvres et aux accidents du terrain. Nous pouvons remarquer que notre bataillon renferme toutes ces conditions ; de plus, les flancs du bataillon, qui sont les parties faibles, sont flanquées par des compagnies d'élite, les grenadiers à la droite et les voltigeurs à la gauche. Les formations de compagnies d'élite ont l'inconvénient d'enlever tous les hommes d'élite des autres compagnies.

En Prusse, chaque compagnie renferme un certain nombre d'hommes d'élite, mais ils ne sont pas distraits de ces compagnies pour en former de nouvelles. Les officiers sont placés dans le rang et toujours avec les hommes qu'ils commandent. Derrière le dernier rang se trouve une ligne d'officiers et sous-officiers appelés serre-files, qui maintiennent dans l'ordre la troupe qui est devant eux. Dans le bataillon, toutes les fractions sont symétriques et égales ; le chiffre de ces fractions est pair, ce qui facilite les manœuvres. Les hommes sont placés de la manière suivante dans le rang : les deux hommes les plus grands forment la première file, les deux plus grands après ceux-ci forment la seconde file, et ainsi de suite, jusqu'à la dernière file qui sera composée des deux hommes les plus petits. Cette formation facilite l'exécution des feux. On avait proposé de placer en avant les hommes les plus braves; cette combinaison était vicieuse, car on aurait ainsi exposé davantage au danger l'élite des compagnies. Il semble au contraire qu'il serait plus avantageux de mettre au deuxième rang les hommes les plus braves, car on a remarqué que toutes les fois que le désordre a lieu, c'est par le deuxième rang qu'il commence. Chaque fois que l'on voudra obtenir un effet simultané, l'ordre en bataille sera le plus avantageux. Le bataillon marchera en bataille pour charger à la baïonnette, ou lorsqu'étant aux prises avec l'infanterie ennemie, il aura besoin de s'avancer ou de rétrograder de quelques centaines de pas. Il ne marchera jamais par le flanc en presence de l'ennemi. L'ordre en bataille a l'inconvénient de se ployer difficilement au terrain et d'être peu maniable.

Nous avons la formation en colonne, c'est-à-dire une formation telle que les différents éléments soient placés les uns derrière les autres.

L'avantage de la colonne est de se plier au terrain et d'agir par succession d'efforts.

Dans une colonne, le front varie dans les limites que nous allons considérer.

On ne peut pas se former en colonne par bataillon, car nous rentrerions dans les inconvénients de la marche en bataille. De même si la colonne était formée par demi-bataillon. Si le front était une demi-section, nous aurions tous les inconvénients d'une marche de flanc. Donc, le front de la colonne devra être compris entre les limites suivantes: la division et la section.

La profondeur de la colonne varie suivant la distance des différentes tranches parallèles.

La colonne peut être à distance entière, à demi-distance ou serrée en masse.

La colonne sera à distance entière si, n'ayant rien à redouter de la cavalerie ennemie, elle se trouve au contraire en prise à ses batteries;

car il est évident que plus les colonnes sont serrées, plus les projectiles leur font éprouver de pertes. Elle se formera à demi-distance si, battue par l'artillerie, elle doit en outre s'attendre à une charge. Elle sera en masse si, formée de jeunes soldats, elle a affaire à de la cavalerie. La colonne qui semble la plus avantageuse est celle par divisions à demi-distance ; elle permet de se former aussitôt en carré, et offre une moins grande profondeur en hommes aux coups de l'ennemi, et par suite les pertes seront moindres.

La colonne double est une espèce de colonne par division, mais dont le déploiement est encore plus rapide puisqu'il s'exécute par les deux ailes. Elle est donc la meilleure pour l'offensive, car après le choc, il est en général nécessaire de déployer, soit pour conserver le point que l'on vient de conquérir, soit pour reconduire à coups de fusil l'ennemi que l'on a arrêté.

Cependant il existe des circonstances où le front de cette colonne en interdira l'usage ; ainsi, qu'il s'agisse de pénétrer dans une ville, un village, de forcer un pont, d'emporter une brèche d'assaut, il faudra dans chacun de ces cas, proportionner le front de la colonne à l'étranglement du défilé.

On devra se former en colonnes : 1° pour les marches ; la colonne sera ordinairement par pelotons. Il ne faut pas exiger d'une colonne une vitesse plus grande que 25 kilomètres en six heures ; il faudra les faire arrêter toutes les deux heures, une demi-heure.

Si la marche doit être forcée, il faut les faire marcher pendant quatre heures de suite et reposer une demi-heure. Si le soldat a un chargement complet (30 kilog.), le maximum de distance qu'on puisse lui faire franchir est 18 kilomètres en huit heures.

2° Pour manœuvrer : la colonne par division sera la plus avantageuse, car elle est plus maniable. Elle marchera à distance entière si elle est exposée à de l'artillerie, et à demi-distance devant la cavalerie.

3° Pour attaquer : la colonne d'attaque doit avoir la plus grande vitesse possible ; cependant, le chemin le plus court ne sera pas toujours celui par lequel on devra la diriger. On choisira celui qui, à cause des accidents de terrain, comportera pour la colonne le moins de chances de pertes. Dans le cas d'attaque, toutes les subdivisions devront serrer en masse, car alors la colonne a plus de force ; de plus, il y a une grande confiance chez les soldats qui se sentent les uns appuyés et les autres couverts. Un avantage encore, c'est que le déploiement est plus rapide. Il y a nécessité quand on déploie, d'un grand nombre de tirailleurs.

Indépendamment des formations ci-dessus, il y a encore des circonstances où les troupes doivent chercher les dispositions qui leur donnent un maximum de résistance. Elles se formeront alors en carré. Il y a deux espèces de carré, le carré vide et le carré plein.

Le carré vide est celui qui est adopté exclusivement en France. Le carré plein n'est autre chose que la colonne serrée en masse ; le carré vide présente un espace aux officiers, aux blessés et aux bagages, mais aussi il offre moins de force que le carré plein. Dans un carré vide, il est facile d'ouvrir une brèche. Dans le carré plein, les pertes sont plus grandes, il est vrai, mais on peut résister plus longtemps. Le peu de profondeur des carrés vides fit imaginer de bonne heure des carrés sur six rangs; mais comme les manœuvres, si elles ne sont rapides et sûres, particulièrement devant la cavalerie, ne sauraient être d'un emploi avantageux, on a renoncé depuis longtemps à cette formation.

De tous les carrés possibles, celui qui semble le mieux combiné est celui adopté par les Wurtembergeois.

Le bataillon étant divisé en quatre fractions, les deux premières serrent en masse, la troisième serre à distance entière, la quatrième en masse sur la troisième. Les flancs sont fermés par les serre-files et les tirailleurs.

Nous avons ainsi un carré offrant beaucoup plus de résistance que le carré vide et présentant de même que celui-ci, un espace pour les officiers et les blessés.

Tous les commandements français sont parfaitement bien combinés; ils se distinguent en deux parties : le commandement d'avertissement et le commandement d'exécution.

Les combinaisons des bataillons entre eux sont connues sous le nom d'évolutions de ligne.

Admettons que plusieurs bataillons doivent se former sur une ligne; cette ligne sera d'autant mieux défendue que les flancs seront couverts par des obstacles ; cette ligne ne pourra pas être continue, car alors le service des autres armes deviendrait impossible ; il faut donc qu'il y ait des intervalles entre les bataillons. Notre ordonnance les fixe à vingt-quatre pas entre deux bataillons successifs.

Mais cette disposition de bataillons ne permet pas d'agir par succession d'efforts, et l'on sait qu'une attaque qui procède de cette manière est la plus redoutable. Il a donc fallu pour remplir cette condition, établir l'infanterie sur deux lignes parallèles, dont la seconde remplirait le rôle de réserve.

Cette seconde ligne doit être en arrière de la première à une distance suffisante pour n'être pas atteinte par le feu de la mousqueterie, mais cependant assez rapprochée pour pouvoir se porter à temps au point nécessaire de la première ligne à soutenir.

Cette condition est indispensable. On cite comme exemple la bataille de Rio Secco, où les Espagnols furent complètement battus pour avoir mis leur seconde ligne à la distance énorme de 1,500 à 1,600 mètres de la première ligne.

A la bataille de la Moskowa, une brigade d'infanterie westphalienne était tellement mal disposée, elle formait la deuxième ligne et était située trop près de la première, qu'après un court espace de temps elle perdit plus de 500 hommes sans avoir été engagée.

Cependant, s'il existait un accident de terrain derrière lequel l'infanterie pourrait se mettre à l'abri, on peut alors diminuer la distance qui doit exister entre la première et la seconde ligne.

Ici se présente d'elle-même la question de savoir comment doivent être placés les bataillons de la deuxième ligne par rapport à ceux de la première ligne.

On les place de deux manières : 1° Ces bataillons peuvent être établis sur le même axe que ceux de la première ligne. Cette disposition donne le moyen de cacher à l'ennemi les manœuvres que l'on peut faire exécuter à cette seconde ligne. 2° On les place de manière que les centres des intervalles correspondent aux centres des bataillons de deuxième ligne. Cette disposition permet d'exécuter facilement le mouvement du passage des lignes. Si les flancs de la première ligne n'étaient pas apppuyés, on devra s'arranger de manière qu'en prenant des intervalles plus grands entre chaque bataillon de la deuxième ligne, le bataillon de droite et celui de gauche débordassent la droite et la gauche de la première ligne. Ordinairement les deux lignes ont la même étendue.

Ce mouvement du passage des lignes peut s'exécuter en retraite ou en avant. Il a pour objet de remplacer la première ligne par la seconde, lorsque celle-ci a souffert. Il a aussi pour but de battre en retraite : lorsque ce mouvement doit être exécuté pour battre en retraite, les bataillons de la deuxième ligne se ploient en colonnes vis-à-vis le centre des intervalles des bataillons de la première ligne ; ceux-ci placent un peloton à droite et à gauche en potence et passent à travers les intervalles qui existent entre les colonnes de la deuxième ligne. Ces colonnes doubles se déploient alors.

Si le passage de ligne doit se faire en avant, les bataillons de deuxième ligne sont ployés en colonnes doubles serrées en masse, disposées de manière que le centre de chacune d'elles se trouve vis-à-vis le milieu de l'intervalle de droite du bataillon correspondant de la première ligne. La seconde ligne est mise en mouvement, les chefs des bataillons de la première ligne ont fait doubler les pelotons des ailes de leurs bataillons derrière les pelotons contigus ; lorsque la deuxième ligne est arrivée à quarante ou cinquante pas de la première, l'ayant ainsi dépassée, elle peut alors se déployer.

Il est posé en principe que l'on ne doit donner à la seconde ligne que la disposition propre au but auquel on la destine. D'après cela, comme le but principal de la deuxième ligne est de soutenir la première ligne et de la remplacer au besoin, on sent donc la nécessité qu'il y aurait d'une troisième ligne placée comme réserve et destinée à fournir les différents petits corps que l'on envoie où il est nécessaire ; l'expérience a démontré la nécessité de cette troisième ligne, aussi en campagne l'emploie-t-on ordinairement.

L'infanterie produisant ses plus grands effets par les feux, la première ligne prendra donc habituellement la formation en bataille.

La deuxième ligne ne pouvant agir qu'autant qu'elle aura fait un mouvement pour se porter en avant, prendra la formation la plus propre à la marche, c'est-à-dire la formation en colonnes, et pour que le déploiement se fasse avec la plus grande rapidité, elle sera ployée en colonne double.

S'il y avait une troisième ligne formant réserve, comme cette troisième ligne doit pouvoir se porter le plus rapidement possible au point attaqué et offrir en même temps le plus de résistance, elle sera formée en masse par bataillon, et sera placée en arrière de la deuxième ligne hors de la portée de l'artillerie : Si la première ligne était ployée, la deuxième devrait être déployée.

Voyons la formation qu'on doit adopter : 1° pour l'attaque ; 2° pour la résistance. L'attaque peut se définir ainsi : une opération contre l'ennemi, qui comprend une marche contre lui, un temps d'arrêt lorsqu'on est à trois ou quatre cents pas environ, pour agir immédiatement par l'action des feux, puis une charge à la baïonnette qui a pour but de déloger l'ennemi de la position qu'il occupe. Pour l'attaque, la formation habituelle des deux lignes sera en colonnes doubles, avec des intervalles de déploiements : diverses circonstances modifient cette formation pour l'attaque, ainsi si l'ennemi a de l'artillerie, si le terrain offre des obstacles.

Les marches en bataille sont employées chaque fois que l'action devra avoir lieu par feux et immédiatement.

Toutes les fois que l'on pourra approcher de l'ennemi sans avoir à craindre ses feux, alors l'ordre en colonnes sera plus avantageux, car il est plus maniable. Toutes les fois que la première ligne sera déployée, la seconde devra être ployée, et le contraire toutes les fois que la première ligne sera ployée. Voyons comment agit le 55e de ligne lors de l'attaque de Pratzen à la bataille d'Austerlitz. L'ordre fut donné par l'empereur de se former en colonnes par divisions à distance de peloton ; arrivé en face d'un régiment russe, il le délogea par ses feux, puis se trouvant sur un terrain montant, trop accidenté et trop rapide pour avoir à craindre l'attaque de la cavalerie qui était en face de lui, et pouvant agir avantageusement par ses feux, le 55e se déploya ; lorsqu'il fut sur le plateau, ayant alors à redouter cette attaque de la cavalerie, il se forma en colonnes doubles à demi-distance, disposition qui permet le plus facilement la formation du carré.

Quelquefois on est obligé d'accumuler de grands efforts sur un point. Ainsi les Anglais à Fontenoy. Voici la disposition que Napoléon donna à son armée à Wagram, pour la faire percer la ligne ennemie.

Huit bataillons déployés disposés en colonnes les uns derrière les autres à distance de division ; il faut remarquer que tous ces bataillons ayant beaucoup souffert, n'étaient pas plus forts que des divisions, en sorte que ce n'était guère qu'une formation par division à distance entière ; à droite et à gauche treize bataillons en colonnes par pelotons à distance entière; derrière ce système, marchaient en bataille deux divisions d'infanterie chacune sur deux lignes; cette disposition totale était couverte à droite par une division de cuirassiers, à gauche par une division de cavalerie de ligne, le tout précédé de cent pièces d'artillerie.

Le but de l'empereur était de faire une trouée sur le centre ennemi; cette colonne opéra le résultat voulu, mais aussi fut réduite à trois ou quatre cents hommes.

Lorsque l'on veut renforcer une partie de la ligne et agir par succession d'efforts, on prend l'ordre en échelons, c'est-à-dire un ordre tel que les extrémités des divers échelons viennent tous aboutir à une même oblique; les échelons doivent chacun être assez forts pour agir séparément. Cependant ils doivent être tels que s'ils sont obligés de se former en carrés pour se défendre contre de la cavalerie, ces différents carrés puissent se flanquer mutuellement.

Un échelon est ordinairement composé de six bataillons. Cependant notre ordonnance n'en comporte que trois.

La distance entre les échelons est encore soumise, ainsi que nous venons de le dire, à la condition de flanquement. Si cette distance était trop petite, on perdrait les avantages que présente le système échelonné, car les différents échelons formant sensiblement une ligne, seraient engagés en même temps.

On conçoit que si de l'artillerie ennemie occupe une hauteur située à l'une des extrémités de la ligne directrice du système échelonné, elle pourra, enfilant les différents échelons, leur faire subir de grandes pertes. On devra donc observer avec soin, lors de l'établissement d'une ligne échelonnée, la direction à donner à la directrice. Les extrémités de cette ligne devront aboutir autant que possible à des points inertes que l'ennemi ne peut occuper.

Le premier échelon étant le premier engagé est ordinairement appuyé. On remédie à sa faiblesse : 1° En appuyant constamment son flanc extérieur à quelqu'obstacle, comme une rivière, un marais, des escarpements, un bois, ou une suite de villages dont on serait en possession; 2° en le faisant soutenir par une réserve immédiate, formée en colonne à distance ou à demi-distance derrière son aile extérieure; 3° en lui donnant de l'artillerie flanquée par de la cavalerie ; 4° enfin en portant à son secours une combinaison judicieuse de ces deux armes.

L'ordre en échiquier a l'avantage de permettre à la deuxième ligne d'exécuter des feux tandis que la première ligne bat en retraite ; il demande une nature de terrain qui en restreint l'application ; puis cet ordre ne se prête pas à une bonne défense contre la cavalerie.

Voyons maintenant comment l'infanterie doit agir pour la défensive. La première ligne sera déployée et exécutera des feux ; la seconde ligne devra être prête à soutenir la première ; elle sera donc ployée.

Dans le cas d'une hauteur à défendre, voici la disposition prise par les Anglais le plus ordinairement : ils placent en avant quelques tirailleurs, puis, en arrière de la pente et hors des feux de l'ennemi, toutes leurs troupes sur deux lignes déployées. Souvent, la première ligne était couchée à plat ventre, quelques officiers seulement restaient debout pour observer l'approche de l'ennemi ; lorsqu'il débouchait sur la pente, la première ligne se relevait, faisait une décharge et chargeait à la baïonnette ; leur première ligne venait-elle à être repoussée, elle allait se former en arrière de la seconde qui, à son tour, procédait par ses feux et une charge à la baïonnette.

Les mouvements de retraite s'exécutent dans deux cas : dans le premier, on a pour but de retirer des forces qui ont souffert et les remplacer par d'autres sur le champ de bataille. Cela rentre dans le mouvement appelé passage de ligne. 2° Lorsqu'une troupe bat en retraite, c'est-à-dire lorsqu'elle se retire définitivement du champ de bataille ; dans ce dernier cas, on opère ainsi : la première ligne passe à travers les intervalles de la deuxième et va se reformer à 150 pas en arrière ; la deuxième ligne exécute le même mouvement, et ainsi successivement, par remplacement de lignes. Lorsque l'infanterie n'est que sur une seule ligne, la retraite se fait en échiquier, c'est-à-dire que les bataillons pairs passent dans les intervalles des bataillons impairs, et réciproquement.

Ordinairement, lorsqu'une ligne est menacée par la cavalerie, elle se forme en carré. Le carré par bataillon serait trop faible, c'est pourquoi l'ordonnance l'a fixé par régiment ou de trois bataillons. Cette disposition ne pourra être bonne que quand le carré aura des flanquements suffisants, ou quand il ne sera pas isolé.

En Égypte, cette formation fut celle adoptée par l'armée française, n'ayant à combattre que de la cavalerie. La formation en carré était unique.

Desaix, dans la campagne d'Égypte, forma toute sa division en carré, et pour avoir des flanquements bons et suffisants, il établit des tirailleurs au nombre de 200 à peu près, dans chaque angle saillant. Ces tirailleurs se formaient en carrés pleins sur la diagonale du carré. Ces petits carrés devaient se trouver à une distance de 200 mètres, pour que les conditions de flanquement puissent exister.

Souvarow, général russe, dans la guerre contre les peuples de l'Asie-Mineure, établissait deux lignes de carrés en échiquiers; — la formation défensive habituelle des Russes contre ces peuplades, soldats braves mais indisciplinés, est un vaste rectangle formé de toute l'armée, la cavalerie au centre; devant les faces sont disposés des chevaux de frise.

La formation mixte se prend chaque fois que l'on craint un engagement immédiat. Cette formation consiste à avoir, par exemple, un bataillon déployé flanqué à droite et à gauche par un bataillon ployé en colonne double.

C'est dans cet ordre que les Français combattaient au passage du Tagliamento.

Les Allemands se forment en carré plein. Cette formation présente trop de chances de pertes; ainsi, à Leipsick un obus tomba au milieu d'un pareil carré et mit 40 hommes hors de combat.

Le service des tirailleurs est de trois espèces : 1° celui des tirailleurs de marche; 2° celui des tirailleurs de bataille; 3° en grande bande.

Les tirailleurs de marche sont des éclaireurs destinés à couvrir le front du corps principal et à observer ce qui se passe en avant d'eux. Ces tirailleurs ne doivent pas se perdre de vue; ils seront d'autant plus rapprochés des colonnes que le terrain sera plus accidenté; — ils seront en petit nombre, pour échapper autant que possible à la vue de l'ennemi; ainsi, 30,000 hommes n'exigent que 300 éclaireurs. D'ailleurs, comme leur service est très-fatigant, ils devront souvent être relevés; à cet effet, sur les flancs et en avant des colonnes, on aura des pelotons qui rempliront ce but.

Les tirailleurs en bataille sont ceux qui combattent ainsi que l'a prescrit le règlement. Quand le bataillon sera déployé il faudra peu de tirailleurs, car le bataillon déployé agissant par ses feux, il faut que le nombre des tirailleurs soit tel, qu'ils ne puissent mettre empêchement aux feux de la ligne, par un trop grand espace de temps qu'exigerait leur retraite derrière les bataillons; lorsque l'on marche en colonne, il y a nécessité d'un plus grand nombre de tirailleurs.

Les tirailleurs engagent presque toujours toute espèce de combat.

La sagacité des officiers doit leur servir de règles pour l'emploi des tirailleurs.

Lorsque l'on bat en retraite, on doit avoir deux lignes de tirailleurs, la deuxième pour soutenir la première. Ce service, dans ce cas, doit se faire au pas de course.

Les tirailleurs français sont les meilleurs que l'on puisse trouver. Ils savent habilement se couvrir de tous les accidents que le terrain présente.

Les Allemands ont des tirailleurs appelés carabiniers, armés de fusils de précision : c'est une espèce de petite artillerie qui se place ordinairement sur des hauteurs dominant le combat ; ces tirailleurs mettent une grande justesse dans leur tir.

Nos tirailleurs avaient trouvé le moyen d'agir contre ces carabiniers; à cet effet, ils finissaient par former une circonférence autour d'eux, et les inquiétaient tellement qu'ils avaient très-peu à redouter de leurs armes de précision ; ils les approchaient jusqu'à dix pas ; alors s'engageait une série de coups de fusil qui enlevaient aux Allemands l'avantage de leurs armes de précision.

Tirailleurs en grande bande. — On s'en sert dans les bois et lieux accidentés. Il faut, pour ce genre de service, que les troupes aient un grand élan.

CHAPITRE IV.

Cavalerie. — Ses avantages, — ses inconvénients. — Cavalerie légère. — Cavalerie de ligne. — Cavalerie de réserve. — Remonte de la cavalerie. — Son instruction. — Ses formations. — Modes d'action de la cavalerie. — De la charge. — Du role de la cavalerie dans les batailles.

La cavalerie est la réunion de combattants à cheval.

L'avantage qu'offre la cavalerie, c'est un maximum de vitesse et d'impulsion ; aussi sa destination sera de renverser et de poursuivre. Mais, comme l'infanterie, elle ne peut pas occuper tous les lieux et défendre le terrain de pied ferme. Ainsi, l'expérience a démontré qu'une cavalerie, si bonne qu'elle soit, sera toujours culbutée par une autre inférieure, si elle en attend le choc de pied ferme.

La cavalerie n'est pas apte à l'action du feu ; de plus, elle se forme très-lentement, son instruction est très-difficile, et elle est très-dispendieuse. Tout nous démontre qu'elle ne sera que secondaire, mais cependant elle est indispensable, soit pour décider une affaire, soit pour compléter la victoire, en poursuivant l'ennemi qui abandonne le champ de bataille.

Son rapport numérique avec l'armée dont elle fait partie a varié aux différentes époques. Dans l'armée d'Alexandre-le-Grand, elle y entrait pour un huitième ; à l'époque du moyen-âge, où la fortune et le rang avaient seuls accès dans l'armée, où le désir de faire prouesse n'était possible à réaliser qu'aux chevaliers qui seuls formaient la cavalerie, elle entra dans la composition de l'armée pour un demi ; à l'époque des guerres de religion, où les particuliers vendaient leurs services et par conséquent cherchaient tous les moyens possibles de

4

faire la guerre commodément, ce chiffre demi ne varie que fort peu. Sous Turenne on avait déjà reconnu que la cavalerie n'était que secondaire quand on possédait une bonne infanterie; son chiffre fut un tiers. Maintenant il varie de un sixième à un huitième. Lorsque le chiffre de la cavalerie sortira de ces limites, cela dépendra de circonstances extraordinaires; ainsi en 1814, elle n'était que d'un treizième, tous nos chevaux ayant succombé dans la retraite de Russie.

Napoléon a dit : « Les besoins de la guerre réclament quatre espèces de cavalerie: les éclaireurs, la cavalerie légère, la cavalerie de ligne et la cavalerie de réserve ; la cavalerie doit être dans une armée en Flandre ou en Allemagne, le quart de l'infanterie ; sur les Pyrénées, sur les Alpes, un vingtième; en Espagne un sixième.

La cavalerie est formée par les pays de grande culture et dont les populations sont habituées de se servir de chevaux ; ainsi les provinces au nord de la Loire, le Limousin, etc.

Le cavalier doit être plus intelligent que le fantassin; car si le fantassin, dans le rang, vient à se tromper, étant ainsi entouré et surveillé, son manque d'intelligence n'empêchera pas d'exécuter la manœuvre commandée ; il n'en est pas de même dans la cavalerie, où toutes les manœuvres se font aux allures vives, l'erreur d'un seul homme peut faire manquer un mouvement.

On a établi trois espèces de cavalerie ; l'une, formée par les chevaux forts et lourds, et par conséquent bons au choc et non à la poursuite, a été appelée cavalerie de réserve ou grosse cavalerie. Une seconde classe donnée par des chevaux petits, souples et maniables et par conséquent plus propres à la poursuite qu'au choc, a été nommée cavalerie légère; enfin une troisième espèce de cavalerie a été fournie par des chevaux ayant des qualités intermédiaires et a été appelée cavalerie de ligne.

Suivant l'opinion du maréchal de Saxe, les vieux chevaux sont les meilleurs ; pendant la paix, suivant son avis encore, il faut donner moins de soins aux chevaux, l'expérience ayant prouvé qu'une cavalerie dont les chevaux sont gros et trop soignés, n'ayant plus les mêmes soins en campagne, dépérissaient à vue d'œil et n'étaient pas bons pour un service de fatigues.

La cavalerie tire ses chevaux d'établissements spéciaux ayant pour objet d'encourager l'élève des chevaux et de rechercher ceux propres au service militaire. Ces établissements sont confiés à la direction d'officiers de cavalerie, chargés d'acheter les chevaux, d'après le nombre fixé chaque année par le ministère de la guerre. Dans les circonstances difficiles, nous allons demander au dehors, à Oldenbourg et à Sever, des chevaux pour les cuirassiers et pour les dragons; à Stade et à Lunébourg, pour les dragons et la cavalerie légère; à Verden, pour les lanciers; dans le Hanôvre, pour toutes les armes. Plus heureuse en cela que la France, l'Autriche n'a jamais besoin de s'adresser à l'étranger pour compléter ses remontes, et l'on sait que la cavalerie autrichienne est une des plus belles de l'Europe. Les vastes prairies qui bordent le Danube fournissent des chevaux en nombre immense ; il est des provinces dont l'industrie principale consiste dans l'élève des chevaux. La Hongrie possède des milliers de poulains qui vivent en liberté presqu'à l'état sauvage, jusqu'au moment où le commerce s'en empare pour les répartir dans toutes les contrées. Les autres parties de l'Allemagne sont également dans des conditions très-favorables. La Russie tire de ses colonies militaires, sur le littoral de la mer Noire, plus de chevaux qu'il ne lui en faut pour son armée.

On s'est beaucoup occupé en France, dans ces dernières années, de l'industrie chevaline, et les résultats obtenus ont été tels qu'on peut espérer que les ressources du pays suffiront à l'avenir et dans toutes circonstances, à remonter notre cavalerie.

L'infanterie n'a pas, comme la cavalerie, à s'inquiéter d'une foule de petits détails qui importent à sa conservation. Tout fantassin peut faire campagne, s'il a des souliers, du pain et son arme. Dans la cavalerie, les moindres détails sont de la plus haute importance ; si le paquetage est mal fait, le cheval est blessé, et au bout de huit jours hors de service ; le cavalier est démonté et devient alors inutile au tout dont il faisait partie. En 1807, il fut dirigé sur le Portugal une division de dragons et de chasseurs, elle était forte de 2,000 chevaux. Arrivée en Portugal, elle était réduite à 500 chevaux, parce que les chevaux, mal ferrés à leur départ, avaient perdu leurs fers qui n'avaient pas été de suite remplacés par des fers de rechange, que l'on avait omis d'emporter.

En vertu de sa vitesse supérieure, la cavalerie se portera en peu de temps au lieu nécessaire ; elle poursuivra l'ennemi dans sa retraite, elle sera propre à l'action du choc.

Suivant la nature des chevaux, on a formé, avons-nous dit, trois espèces de cavalerie : 1° la cavalerie de réserve, se compose des cuirassiers et des carabiniers qui datent du règne de Louis XIV. Le cavalier de réserve doit être d'une taille et d'une force supérieures. Comme armement, il a une arme blanche, et autant que possible, une arme droite; la lame droite est la seule avantageuse aux combats à rangs serrés; on a donné cependant à ce sabre une légère courbure, dans le cas où le soldat viendrait à combattre isolément (modèle 1822). Le cavalier a, en outre, un pistolet ; pouvant être appelé à faire le service de védette, son pistolet pourra lui servir à donner l'alarme.

On ne lui a donné qu'un seul pistolet placé dans la fonte gauche. Dans l'autre fonte est une hache. On a proposé de donner la lance à la cavalerie de réserve ; ce mode d'armement a été adopté en Russie.

Les cuirassiers portent (ainsi que leur nom l'indique), la cuirasse. La cuirasse est d'un grand effet moral ; elle est à l'abri de la balle à une distance de 30 mètres. La cuirasse enveloppe aussi le cavalier par derrière, car il peut arriver dans le combat différents mouvements où la cavalerie présente le dos à l'ennemi. En 1809, au passage du Danube, dans une affaire qui eut lieu entre les cuirassiers français et les cuirassiers autrichiens (ces derniers n'ont pas la cuirasse par derrière), il y eut onze Autrichiens de tués pour un Français.

Quant à l'emploi de la cavalerie de réserve, nous remarquerons d'abord que cette cavalerie ne doit pas combattre longtemps, le cheval est peu vite, s'essouffle facilement, et le poids du cavalier, avec l'équipement et le harnachement, est de près de 150 kilogrammes. Il faudra donc l'employer le moins longtemps possible, et le faire arriver dans les moments décisifs.

La cavalerie mixte se compose des dragons et des lanciers. Le rôle de cette cavalerie est d'appuyer la cavalerie légère et de poursuivre l'ennemi. Dans l'origine de la création, les dragons devaient combattre à pied et à cheval; mais l'expérience ayant prouvé que, par ce moyen, on n'obtenait qu'une mauvaise cavalerie et qu'une mauvaise infanterie, alors le dragon fut exclusivement cavalier.

En Russie, il y a encore des dragons qui remplissent ce double emploi.

La cavalerie de ligne est armée d'un sabre; il est un peu plus recourbé que celui de la cavalerie de réserve. Dans la poursuite, elle peut combattre isolément, et la forme recourbée est plus facile pour sabrer. Le cavalier a aussi un pistolet, et de plus une autre arme à feu ; il est des circonstances où il est exposé à faire le coup de feu. Ainsi, en Espagne, le maréchal Saint-Cyr en Catalogne, avec un peloton de dragons, fut obligé de leur faire mettre pied à terre et à agir par feux contre des guérillas espagnols qui étaient embusqués derrière des rochers ; les dragons parvinrent à les débusquer. Le lancier, outre ces différentes armes, porte encore la lance ; leur rôle principal est également la poursuite. Voici une circonstance qui plaide en faveur de la lance. Le duc de Raguse rapporte qu'à la bataille de Dresde, une forte masse de cavalerie s'était portée sur les derrières de l'ennemi, le terrain était glissant. La cavalerie ayant abordé l'ennemi, après avoir perdu l'avantage qu'elle aurait pu retirer du choc d'une grande vitesse, que le terrain ne lui permettait pas d'avoir, ne put entamer l'infanterie ennemie. Latour-Maubourg fit avancer 50 lanciers d'escorte qu'il avait avec lui et qui firent une trouée dans l'infanterie, par laquelle le reste de la cavalerie pénétra, et la força de mettre bas les armes. La cavalerie légère se compose de chasseurs dont la création date de 1783 et de hussards qui datent de 1692. Ces deux espèces de corps n'en forment, à proprement parler, qu'un seul ; la différence n'existant que dans l'habillement. Le but de cette cavalerie est de parcourir le pays au loin, d'éclairer l'armée. Son action principale se passe dans la poursuite, le fourragement et l'escorte des convois. Les hommes les plus propres à ce service n'ont pas besoin d'être d'une grande taille, mais ils doivent être légers et adroits. Les chevaux seront souples et maniables.

On donne au cavalier léger le sabre le plus propre au combat individuel, c'est-à-dire celui qui permet le plus de mouvements circulaires. Ce sabre aura donc une courbure assez prononcée, mais qui sera limitée, par cette raison que la cavalerie légère est encore susceptible de combattre en ligne et que son arme devra donc lui permettre de pointer. Il a aussi un pistolet et un mousqueton.

Plus le cheval est petit, en général, moins il a de force et plus il est maniable. Les selles de chevaux devront à la fois convenir et au cavalier et au cheval, c'est-à-dire que les selles de grosse cavalerie auront la forme qui assoie mieux le cavalier et qui le rend plus solide ; celles de la cavalerie légère, outre qu'elles prendront bien le cheval, doivent se prêter aux mouvements du cavalier. Dans tous les pays la cavalerie légère est d'une grande utilité et son service est de tous les instants ; elle éclaire au loin la marche des armées, défend les flancs, prévient les surprises ; ses chevaux, petits et agiles, résistent plus longtemps à la faim et à la fatigue.

Il faut de toute nécessité pour que le cavalier acquiert cette souplesse et cette adresse qui lui est indispensable, qu'il soit d'abord dégourdi ; pour cela on commence par lui faire faire l'exercice à pied, on lui fait exécuter des exercices gymnastiques.

L'éducation militaire du cavalier comprend : 1° L'équitation ; anciennement elle a été poussée excessivement loin dans la cavalerie française ; il faut que le cavalier soit solide à cheval et puisse agir avec son cheval dans toutes sortes de terrain ; 2° l'escrime à cheval ; elle est totalement différente de l'escrime à pied, le cavalier devant couvrir lui et son cheval. La cavalerie doit être formée aux différentes fonctions qu'elle sera appelée à remplir en campagne, cette éducation est longue et indispensable. La cavalerie devra donc être exercée longtemps à l'avance, et, arrivée sur le champ de bataille, elle devra n'avoir plus rien à apprendre.

Le mouvement en avant du cheval est ce qu'on nomme une allure. Il y en a trois : le pas, à cette allure le cheval parcourt de 100 à 110 mètres à la minute ; au trot, de 200 à 220 mètres ; au galop, de 300 à 350 mètres.

La cavalerie prendra le pas chaque fois qu'elle suivra les mouvements de l'infanterie, le trot dans les manœuvres, le galop chaque fois qu'elle devra agir par choc.

L'escadron français varie de 48 à 64 files ; si l'escadron est de peu de files, alors il est plus maniable, mais aussi le choc se faisant sur une petite étendue, est de peu de résultat.

Le mode d'action de la cavalerie étant dans le choc, il semblerait qu'elle devrait être formée sur un rang ; mais l'expérience a démontré qu'il fallait nécessairement un second rang pour pouvoir remplir les intervalles qui pourraient se former dans la première ligne. L'espace occupé dans le rang par un cavalier est de un mètre. Les cadres de l'escadron se composent de deux capitaines, deux lieutenants et trois sous-lieutenants, de plus il y a huit sous-officiers.

L'escadron est divisé en quatre parties parfaitement égales appelées pelotons.

L'escadron peut se mouvoir en avant de deux manières, ou bien en se dirigeant perpendiculairement à la ligne de bataille, ou bien par des mouvements obliques individuels, chaque soldat tournant la tête de son cheval vers le point qu'il doit occuper; le maximum de l'angle d'obliquité est de 45°, alors la tête du cheval de l'homme du second rang se trouve près de la botte du cavalier du premier rang; aussi ce mouvement est-il appelé mouvement de tête à botte.

L'escadron étant déployé, pour exécuter une marche par le flanc, le cavalier ne peut pas, comme dans l'infanterie, tourner sur lui-même, car il occupe en longueur trois fois sa largeur. Dans les premiers temps, ce mouvement s'exécutait ainsi : les cavaliers du rang pair sortaient du rang et se portaient en avant, exécutant leur à-droite ; les cavaliers rang impair ayant un espace suffisant, faisaient aussi un à-droite; les cavaliers du rang pair se portaient ensuite à la hauteur de l'autre rang. Mais ce mouvement qui brisait ainsi les rangs, occasionnait souvent un grand désordre.

Sous Louis XV le marquis de Conflans enseigna le mouvement d'à-droite et d'à-gauche par quatre.

Ce mouvement s'appuie sur ce que quatre chevaux occupent en largeur ce qu'ils occupent en longueur, alors on conçoit que chaque groupe de quatre cavaliers peut converser. Après le mouvement on se trouve formé en colonnes sur huit de front; mais pour exécuter ce mouvement, il faut préalablement dans chaque peloton faire numéroter par groupe de quatre, en sorte que pendant le combat chaque fois qu'un homme était tué il fallait faire compter de nouveau. Aussi maintenant ce mouvement par quatre n'est-il plus employé que dans les manœuvres d'instruction; on se sert des mouvements de peloton à droite ou à gauche, qui s'exécutent par une conversion de tout le peloton.

S'il s'agissait de faire un demi-tour, on le peut au moyen du mouvement demi-tour à droite ou à gauche par quatre, mais alors le second rang se trouve le premier; on peut faire également le demi-tour au moyen des conversions par peloton.

Étudions maintenant la disposition de plusieurs escadrons entre eux ; la formation peut être déployée ou en colonne, l ordre déployé pour combattre, en colonne pour faire route ou manœuvrer.

Dans l'ordre déployé, les escadrons seront placés sur deux lignes ; cette seconde ligne est d'une grande utilité ; pour une arme qu'une foule de causes peut faire échouer et qu'un seul moment peut mettre en désordre; la cavalerie ne saurait donc être soutenue trop à point, l'utilité d'une seconde ligne est donc manifeste ; les escadrons sont placés à douze pas d'intervalle les uns des autres ; il semblerait que le choc serait plus intense, s'il n'existait pas d'intervalle entre chaque escadron, mais aussi il y aurait confusion; la seconde ligne devra déborder les flancs de la première ligne, afin de la flanquer. Son rôle est, si la charge de la première ligne est manquée, de prévenir une défaite par une seconde attaque ; elle devra donc être à une distance de la première ligne, qui lui permette de prendre l'allure de la charge, la seconde ligne est placée à 300 mètres de la première.

La cavalerie ne pouvant pas exécuter la marche en bataille dans tous les terrains, il lui a donc fallu une formation nouvelle, celle en colonne ; la colonne pourra être par peloton, par division ou par escadron. La colonne par peloton est peu employée dans les manœuvres, sur un champ de bataille, car elle exige trop de temps pour son déploiement; son rôle sera de servir aux marches. La colonne par escadron est celle des manœuvres, elle peut être à distance ou serrée en masse ; à distance, les formations d'à-droite ou d'à-gauche en bataille, d'en avant en bataille, seront faciles à exécuter. Mais une telle colonne, si les escadrons sont nombreux, ne serait pas maniable ; de plus la colonne occupant une profondeur égale à son front, le déploiement serait long, alors on a adopté la colonne serrée, c'est-à-dire dont les distances sont égales au front d'un peloton, ce qui permet les mouvements de pelotons et donne la facilité de faire aussitôt face à droite ou à gauche. Le déploiement de cette colonne est plus prompt.

Il y a des limites dans la profondeur des colonnes, certains généraux admettent que cette profondeur ne doit pas excéder plus de vingt-quatre escadrons, d'autres quinze escadrons.

La cavalerie combat souvent en échelons, la force d'un échelon varie entre les deux limites suivantes:

Un escadron, une brigade; la distance dépend de la force des échelons; car plus un échelon est fort, plus il pourra se passer d'un autre échelon. La distance entre deux échelons ne doit pas cependant dépasser la plus grande portée des charges, c'est-à-dire 300 mètres.

Le terrain sur lequel on devra se disposer en échelons, devra être reconnu par des éclaireurs. L'avantage qu'offre cette formation est de pouvoir refuser une de ses ailes alternativement, de ménager ses forces, sans quitter l'ordre déployé; chaque flanc est protégé par l'échelon qui vient immédiatement après. Cette formation permet encore de renforcer l'échelon qui attaque; il faut que le flanc vulnérable du premier trouve dans les localités ou dans la proximité d'une troupe de soutien, une protection de tous les instants.

Les terrains quelque peu variés conviennent à l'ordre en échelon.

La formation en échiquier présente quelques avantages pour l'infanterie, à cause de l'action par feux; mais cette raison n'existe pas pour la cavalerie qui, par cette disposition, se trouve avoir de trop grands intervalles entre les escadrons. On l'emploie cependant dans les retraites et lorsqu'on n'a à repousser que des attaques peu vives.

On a recours quelquefois à des stratagèmes ayant pour but de tromper l'ennemi sur la force de la cavalerie. Se présente-t-on en colonnes, on les fera paraître plus ou moins profondes, en variant la distance entre les subdivisions. Quelques pelotons placés à la tête d'un défilé que l'œil ne saurait sonder, pourront faire croire qu'ils sont suivis d'une troupe nombreuse. Se présente-t-on, au contraire, en ordre déployé, on pourra ne se former que sur un seul rang, pourvu toutefois que l'on ait soin de conserver les files entières aux ailes des escadrons. En arrière d'un bois, d'un village, une ligne déployée, en occupant seulement les flancs de ces obstacles, pourra faire supposer qu'elle est continue. Il est encore un moyen qui a souvent réussi, c'est de faire tenir en bataille sur un point éloigné, mais pourtant apparent, les chevaux de main et d'équipages.

La disposition sur un rang est dangereuse en face d'une forte cavalerie, car elle ne sera pas arrêtée par la considération du nombre, combattra, et la cavalerie qui sera formée sur un rang aura le désavantage.

La cavalerie n'ayant pas d'action de pied ferme n'aura pas de formation défensive.

Cependant nous voyons le général Defrance, en **1813**, former sa division de dragons en carré, contre des cosaques. Nous voyons encore les lanciers adopter quelquefois la même disposition, en tenant leurs lances croisées. Warnery recommande à la cavalerie menacée dans sa retraite par des troupes irrégulières, de faire usage de son feu qui, en effet, les arrête.

Le mode d'action de la cavalerie est de deux espèces : les feux et le choc. L'action par feu est peu de chose.

Il faut que le choc ait lieu sur un grand front et soit fait par de fortes masses. Il faut une grande habileté pour saisir le moment où ces masses doivent agir. Les effets sont considérables.

Ainsi, à la bataille de Lérida, le 13e régiment de cuirassiers, chargeant sur l'aile droite espagnole, culbuta la cavalerie ennemie, enfonça l'aile droite et fit 7 à 8,000 prisonniers.

A Marengo, Kellermann, avec 400 cavaliers, décida de la victoire, en tombant sur le centre autrichien et faisant mettre bas les armes au premier échelon.

La manière d'obtenir de grands résultats s'exécute, en général, par ce qu'on appelle la charge.

Une charge est une marche impétueuse dont l'ennemi est le but. Elle peut s'exécuter suivant les circonstances, en bataille, en échelons, ou en colonnes. La charge en bataille serait, abstraction faite du terrain, la plus avantageuse, car la vitesse sera plus grande et elle pourra agir sur un plus grand front. Ainsi, du temps de Sellnitz, la cavalerie chargeait en muraille.

On a abandonné la formation en muraille, qui exige des troupes parfaitement instruites, car si l'on vient à rencontrer un accident de terrain, la marche est coupée et il y a confusion, la ligne n'ayant pas d'intervalles. La charge en échelons a l'avantage dont nous avons déjà parlé.

La charge en colonne s'exécute quand on a de la cavalerie entièrement neuve; quelquefois même pour entraîner les premiers pelotons on forme en avant un peloton des officiers et des sous-officiers d'élite. Il est dangereux d'exécuter un feu avant la charge, ainsi que cela se pratiquait anciennement; car les détonations des armes des cavaliers mettent le trouble parmi les chevaux ; alors, au moment de charger, on ne peut plus partir avec l'ensemble voulu.

Si la cavalerie est entièrement fatiguée, elle peut alors exécuter un feu, afin de porter le trouble dans les rangs ennemis qui s'avancent, et aussitôt chargera au galop.

Pour qu'une charge soit bien exécutée, il faut passer par différentes allures avant d'arriver à la vitesse maximum.

Voici l'augmentation réglementaire de l'allure. La cavalerie marchera 20 pas au pas, afin de raccorder l'alignement et que les guides prennent leurs directions et leurs intervalles; puis on passera au trot qu'on accélèrera successivement, parcourant ainsi 150 mètres; on fait ensuite 100 mètres au galop; alors les trompettes sonnent la charge, les commandements de : *chargez*, seront répétés par tous les officiers, et la cavalerie prendra la vitesse maximum.

Lorsque la charge a été exécutée, il faut aussitôt rallier les troupes.

Si la charge a lieu contre de la cavalerie, elle se fait en bataille; en échelons, si on a des troupes neuves. La charge est d'autant plus avantageuse qu'elle tombera sur les parties faibles de l'ennemi, c'est-à-dire sur ses flancs; aussi, la cavalerie manœuvrera-t-elle et fera-t-elle des marches obliques dans ce but. Il y a nécessité de couvrir ses mouvements par des tirailleurs, afin de laisser l'ennemi dans l'ignorance du point où l'on doit agir.

Celui qui exécute les différentes manœuvres dans le but de tomber sur les flancs de l'ennemi, doit veiller à ce que lui-même ne puisse pas être atteint sur ses flancs. Les circonstances les plus favorables pour la charge sont lorsque l'ennemi quitte ses points d'appui; alors il faudra l'entamer à fond; si elle réussit, il faut, sans chercher à se rallier, rejeter la première ligne ennemie sur la seconde. Si la charge échoue, il faut aussitôt aller se rallier à une grande distance et démasquer rapidement la deuxième ligne.

A Austerlitz, la cavalerie de Kellermann ayant été culbutée par les Hulans, alla se rallier derrière les carrés français, recommença la charge et en sortit victorieuse. Lorsque le commandement de charger a été donné, aussitôt chaque cavalier se précipite, les plus braves en avant, les autres suivant la vitesse de leurs chevaux, plus ou moins en arrière; aussi n'est-ce pas une ligne parfaitement continue. La troupe qui se sent la moins solide fait demi-tour, et alors ce n'est plus qu'une poursuite. C'est ce qui arrive le plus souvent dans une charge.

Si les troupes se sentent égales, alors la charge a lieu à fond. Mais il ne faut pas croire que les chevaux se heurtent, non : ils glissent dans les intervalles qui existent entre chaque cavalier ; la supériorité reste alors à la cavalerie qui se sert le mieux de l'arme blanche. Ce moment est très-court, étant toujours suivi d'une déroute.

En Égypte, Napoléon, contre les Mamelucks, troupe irrégulière, adoptait la formation suivante : il plaçait sa cavalerie sur trois lignes. Si les Mamelucks se déployaient en demi-cercle pour tourner les flancs de la cavalerie française, la deuxième ligne se partageait en deux parties égales et allait occuper obliquement les ailes de la première ligne. Si les Mamelucks se prolongeaient encore à droite et à gauche, alors la troisième ligne rompait de même que la seconde; l'ennemi, en s'allongeant ainsi, dégarnissait son centre, et c'est alors que le signal de charger était donné.

Le combat de la cavalerie contre l'infanterie, pour l'une ou l'autre arme, est le combat le plus terrible. Un cheval, lancé au galop, peut culbuter les obstacles les plus grands. L'infanterie ne peut résister à une charge que parce que le cavalier, par une sorte de frayeur instinctive, ne peut s'empêcher de retenir son cheval au moment où il se précipite sur la ligne. — Pour se défendre contre la cavalerie, l'infanterie se servira le plus avantageusement de ses feux. Pour la cavalerie, la disposition devra être telle qu'agissant par succession d'efforts, le deuxième effort soit exercé au moment où l'infanterie a effectué sa première décharge et avant qu'elle ait rechargé ses armes. La formation sera donc en colonne. La charge contre l'infanterie déployée se fera en suivant une oblique, car, dans cette direction, elle sera moins exposée aux feux, l'expérience ayant établi que les feux obliques avaient moins de résultat que les feux directs. La cavalerie se dirigera donc obliquement sur une des ailes.

Si l'infanterie est en carré, le point faible est le point du plus petit côté qui n'est flanqué que par des feux obliques à droite. La charge se fera en colonnes ; le premier escadron vient heurter le carré ; il est rare que cette première charge réussisse ; cet escadron s'écoule à droite et à gauche, et va se reformer à la gauche de la colonne ; le deuxième escadron, ayant l'espace nécessaire pour charger, pourra arriver avant que l'infanterie n'ait rechargé ses armes. Toutes les fois que l'infanterie conserve sa liaison, il y a peu de chances que la cavalerie réussisse. Avant d'ordonner une charge, le général de cavalerie doit donc juger de la contenance de l'infanterie ennemie.

On en juge en voyant s'il y a du silence dans le rang, si les tirailleurs exécutent bien leur mouvement, si le premier feu est bien exécuté et si les hommes rechargent leurs armes avec sang-froid. Si l'ennemi remplit ces différentes conditions, il sera probable qu'une charge de cavalerie échouerait et on attendra l'arrivée de l'artillerie pour ouvrir une brèche par laquelle se précipitera la cavalerie.

Une charge contre l'artillerie se fera en fourrageurs (combat individuel), car alors la perte sera moins grande. Si cette artillerie est soutenue, il faudra agir par deux troupes : une qui combattra en tirailleurs contre l'artillerie, et une en ordonnance contre les défenseurs. Quand la cavalerie réussira à s'emparer d'une batterie, elle devra aussitôt enclouer les pièces, briser les affûts, détruire les avant-trains et les armements. Enfin mettre cette batterie hors de service le plus possible.

Ordinairement, quand une batterie est forcée, les artilleurs se réfugient avec leurs chevaux et les avant-trains dans les carrés que forment leurs défenseurs.

La cavalerie qui défend de l'artillerie devra se former sur les flancs ou en arrière de la batterie.

Dans les marches, la cavalerie forme les avant-gardes; dans les batailles, elle exécute des charges dans tous les moments, pourvu que ces charges puissent être exécutées sur les flancs de l'ennemi. Du reste le moment où son action devient décisive, est celui où la bataille est près d'être gagnée.

A Montmirail, lorsque la ligne russe est débusquée de sa position, quatre escadrons français chargent sur cette ligne et la balaient.

A Craonne, la démonstration de la cavalerie sur les flancs ennemis détermine celui-ci à quitter sa position.

Une poursuite doit être dirigée de manière à couper la retraite à l'ennemi. Quand une retraite a lieu, c'est la cavalerie qui la couvre. Ainsi, à Austerlitz, quand la colonne de gauche autrichienne est culbutée, la retraite est couverte par des escadrons de chevau-légers qui arrêtent les têtes de colonnes françaises.

Les feux rares et incertains des tirailleurs-cavaliers ne sauraient amener de résultat.

Aussi la cavalerie ne fait le service de tirailleurs que pour explorer le terrain, fouiller le pays, reconnaître l'ennemi, aller aux nouvelles, masquer un mouvement, souvent pour seconder les tirailleurs d'infanterie et les encourager à s'avancer; pour escorter un convoi, couvrir une retraite, ou enfin pour protéger un passage de rivière ou de défilé. Ces tirailleurs-cavaliers pourront l'emporter en utilité sur ceux de l'infanterie partout où la célérité exercera quelque influence.

CHAPITRE V.

Artillerie. — Son utilité. — Ses perfectionnements. — Tir de plein fouet. — Tir roulant. — Tir à ricochet. — Tir à pleine volée. — Influence du terrain sur le tir. — Composition de la batterie. — Manœuvre de l'artillerie.

L'artillerie est l'arme de jet par excellence; elle n'est qu'arme de jet. Elle est indispensable pour l'action à distance et n'est propre qu'à cette action. Pour qu'elle puisse servir, il faut qu'elle soit transportable, son utilité est en raison directe de sa mobilité.

L'artillerie n'est pas propre à tous les terrains; elle n'a pas d'action de choc; elle ne peut pas se défendre, elle est très-dispendieuse. L'effet moral produit par l'artillerie est immense, et chez le soldat et chez l'ennemi; aussi avec de jeunes troupes on doit avoir plus d'artillerie.

L'effet réel dépend du calibre et de la distance; et surtout de la mobilité. Aussi en Égypte nous voyons Napoléon adopter des formations profondes, car il avait à se défendre contre la cavalerie, et il lui avait été facile de juger qu'il avait peu à craindre l'artillerie ennemie, vu son peu de mobilité.

Dans les premiers temps, le mode d'action de l'artillerie était de se poster sur des hauteurs et de tirer pendant tout le temps que durait le combat. Sous Gustave-Adolphe, elle devint mobile, et suivit le mouvement des troupes d'infanterie. Sous Frédéric, elle suit même la cavalerie. Sous l'Empire, c'est par l'emploi de l'artillerie en grande masse que les batailles sont gagnées; ainsi les batailles de Friedland, de Wagram, de Craonne; l'artillerie n'est utile qu'autant qu'elle a des munitions; le nombre doit donc en être limité; la proportion de l'artillerie, le chiffre de l'infanterie étant représenté par 1, varie dans les limites de 1/20 à 1/30, suivant le terrain et la bonté des troupes; pour mille hommes d'infanterie, la proportion est de deux bouches à feu, et de quatre avec des troupes neuves; pour mille chevaux trois à quatre bouches à feu.

L'artillerie de campagne se sert de deux espèces de bouches à feu : les unes destinées à atteindre directement des objets que l'on aperçoit, ce sont les canons; les autres destinées à atteindre des objets que l'on n'aperçoit pas mais dont on soupçonne la position, ce sont les obusiers.

De nos jours d'heureux perfectionnements se sont introduits dans la fabrication des bouches à feu. Les canons dits à la Paixans se recommandent par la justesse et la puissance de leur action. Le baron de Warendorff, chancelier du roi de Suède, a inventé des canons qui se chargent par la culasse, avantage précieux, puisqu'il permet de recharger les pièces sans qu'il soit besoin de les faire reculer des embrasures et des batteries; enfin on doit à l'empereur Napoléon III le canon obusier; c'est une pièce du calibre de 12, qui ne pèse que 60 kilogrammes de plus que la pièce de 8 actuelle, et avec laquelle on peut lancer le boulet, l'obus et la boîte à mitraille; les obus de ce canon renferment chacun 64 balles avec une charge de poudre de 90 grammes, et l'on peut compter pour chaque coup, en y comprenant les éclats de l'obus, un total de 80 à 85 projectiles meurtriers, à des distances qui varient de 600 à 1,200 mètres; ce calibre de 12, qui autrefois était relégué au parc de réserve, devient aujourd'hui mobile et remplace à la fois la pièce de 8 et l'obusier; il peut même au besoin et étant bien attelé, fournir une charge conjointement avec des escadrons, pour rompre et détruire une colonne d'infanterie.

Les avantages obtenus par l'emploi des carabines rayées ne pouvaient manquer de faire naître l'idée d'étendre ce système aux pièces d'artillerie, et, en 1846, un officier piémontais, M. Cavalli, inventa un canon à rayures dont le premier essai qu'on fit en Suède, obtint un grand succès. Dans le système Cavalli, les boulets portaient deux longues ailettes hélicoïdes en saillie. Un officier français, M. Lepage, que le gouvernement avait envoyé en Suède pour assister aux expériences, revint en rendre compte à Vincennes à une commission nommée à cet effet. A cette époque la carabine de munition possédait une portée de 1000 mètres au lieu de la portée de 250 mètres qu'elle avait auparavant; il fallait bien dès lors amener la bouche à feu à se trouver en rapport avec ce progrès. Plusieurs officiers d'artillerie, parmi lesquels se distinguaient surtout les colonels Burnier, Didion et Tamisier, proposèrent diverses modifications aux boulets des canons à rayures ; ce dernier entre autres voulait affecter aux projectiles la forme de la balle cylindro-conique; à leurs systèmes succédèrent les systèmes des capitaines Gros et Gobert; mais dix années s'écoulèrent sans qu'aucune solution fut donnée à ces diverses propositions, cette gloire était réservée au général de La Hitte, président du conseil d'artillerie, et au commandant Treuille de Beaulieu, qui assista le général dans toutes ses expériences. Le nouveau système appelé système de La Hitte, a pour base l'unité du calibre, qui permet, comme on dit, de se servir de son dernier canon et de brûler sa dernière gargousse. Un seul calibre et un seul projectile, d'un poids déterminé, voilà donc le résumé du système. La bouche de siége peut atteindre avec la plus grande justesse une portée de 6000 mètres; les projectiles ainsi lancés sont beaucoup plus meurtriers que les boulets de l'ancien système; et ces mêmes projectiles atteignent avec l'obusier de campagne, près de 3 kilomètres de portée. Enfin le matériel de cette nouvelle artillerie présente une si grande légèreté, que le caisson et la pièce ne présentent guère que 1200 kilogrammes et que quatre chevaux suffisent pour l'attelage.

L'enseignement de l'artillerie offre une série de principes, parmi lesquels nous rappellerons seulement les suivants: En général, la dissémination des batteries est avantageuse pourvu qu'elles concentrent leurs feux sur le point d'attaque, parce qu'elles présentent moins de prises au feu de l'ennemi; mais il y a toutefois des exemples de l'effet irrésistible des grandes batteries formées par la réunion de 100 pièces. L'artillerie ne doit pas tirer sur les pièces, mais sur les masses de troupes; elle ne doit pas non plus disséminer ses feux sur toute la ligne, mais les concentrer. Lorsque les circonstances obligent de tirer sur les batteries, il faut commencer par tirer sur la pièce de droite; puis, lorsqu'elle est démontée, sur la pièce à côté, et ainsi de suite. L'artillerie isolée doit éviter de se laisser déborder par la cavalerie. Il ne faut pas prodiguer les munitions et ne tirer qu'à une portée convenable. La conduite d'un train d'artillerie est d'une telle importance, qu'elle ne doit être confiée qu'à un officier très-expérimenté. Machiavel voulait qu'on plaça de la cavalerie légère sur les ailes, et qu'elle fut chargée de commencer l'attaque en se précipitant sur les canons pour les enlever. Gustave-Adolphe attacha deux pièces légères de 4 à chaque régiment.

Chaque bouche à feu a un approvisionnement de 400 coups, cet approvisionnement suffit pour une bataille, quelque longue qu'elle soit. Les résultats obtenus dépendent des projectiles dont on se sert. Les canons ont pour projectiles le boulet et la mitraille; les boulets ont une plus grande portée et une plus grande vitesse, la mitraille (ou cartouches à balles) est employée avec succès pour une distance de 400 mètres ; elle a moins de pénétration et de vitesse que le boulet, mais aussi elle couvre une plus grande étendue, l'obus éclate et projette des éclats.

Le tir est dit : 1° de plein fouet quand le boulet doit atteindre directement le but; on s'en sert toutes les fois que l'on veut renverser une batterie ou un obstacle.

2° Tir roulant, lorsque l'axe de la pièce est parallèle au sol. Le boulet touchera à 100 mètres à peu près le terrain sous un angle très-p tit; alors il se relèvera et continuera sa route par une série de petits bonds très-rapprochés, jusqu'à ce qu'il ait perdu toute sa force.

3° Tir à ricochet, lorsque l'on diminue les charges pour plonger et obtenir cependant une série de bonds peu élevés. Ce tir s'emploie de préférence pour l'obusier et pour atteindre des objets cachés.

4° Tir à toute volée, quand on donne à la pièce la plus grande inclinaison qu'elle peut prendre sur son affût, et qu'on emploie les plus fortes charges réglées pour son calibre.

Dans quelques cas rares, on tire de manière à avoir une trajection courbe. En 1813, l'armée de Silésie cherchait à passer l'Elbe encaissée à droite et à gauche par des digues très-élevées, de sorte qu'en arrière les troupes étaient à couvert. Les Français ne pouvant pas voir leurs adversaires qui se massaient en arrière des digues, ne pouvaient pas s'opposer aux préparatifs de passage qu'ils faisaient. Un aide-de-camp du général Bertrand eut alors l'idée de placer les pièces très-inclinées et de tirer de manière à faire décrire aux boulets une trajectoire. L'ennemi éprouva alors de grandes pertes et abandonna sa position forcément.

Tiré à de grandes distances et avec de fortes charges, l'obus éprouve des déviations très-grandes. C'est au point qu'à 1200 mètres les déviations de l'obus de six pouces peuvent être de 30 mètres, et celles de l'obus de 24, de 60 mètres. Les ricochets, d'après la nature du terrain, peuvent donner encore de plus grandes déviations.

Une des causes les plus influentes de l'inexactitude du tir consiste dans l'appréciation des distances. Si elles étaient parfaitement déterminées, la hausse permettrait de pointer à des distances calculées, avec autant d'exactitude que pour le but en blanc. Mais comme les distances ne peuvent pas être exactement appréciées, il s'ensuit qu'on ne donne pas à la hausse la hauteur convenable pour les différentes distances.

La nature du terrain sur lequel sont les batteries peut influer sur la certitude du tir, car lorsqu'il est mou, le recul cause des ornières, de sorte qu'il peut arriver que l'une des roues soit plus élevée que l'autre, la ligne de mire ne passe pas plus alors par les points les plus élevés de la culasse et de la bouche.

On doit aussi avoir égard au terrain parcouru par les projectiles; s'il présente des sillons ou s'il est marécageux, on n'emploiera pas le tir roulant.

Pour obtenir l'effet maximum des bouches à feu, il ne faudra pas les disperser sur le front de la ligne de bataille, de manière à tuer à l'ennemi le plus d'hommes possible, il faudra la masser sur le point utile pour renverser les obstacles qui s'opposent au passage. Il faudra tirer de manière à intimider les hommes, c'est-à-dire en faisant ricocher les projectiles en avant d'eux; l'effet moral sera alors très-considérable. L'artillerie est aussi employée à lancer des fusées; cette dernière invention est très-ancienne. Ces fusées sont facilement transportables et d'une manœuvre simple, mais leur tir est très-inexact. Il n'y a guère que dans les défilés ou dans les espaces circonscrits par les escarpements où l'on peut les employer. Les alliés en firent usage sans succès à Leipsick et à Waterloo, c'est ce qui décida le comité d'artillerie à ne pas les adopter.

L'artilleur doit avoir pour qualités physiques, la force et une taille élevée; pour qualités morales, un sang-froid qui lui permette d'exécuter ses feux dans toutes les circonstances. Enfin, la partie importante de son éducation devra tendre à lui apprendre à juger exactement des distances.

Les pays qui fournissent les meilleurs artilleurs sont les provinces de l'Est, et principalement le Jura.

Il faut à l'artilleur des armes pour parer aux circonstances fortuites, et quand il se trouve dépourvu de troupes de soutien. Aussi lui a-t-on donné un mousqueton et un sabre.

Il y a de l'artillerie à pied et de l'artillerie à cheval; la première, destinée à suivre les mouvements de l'infanterie, la deuxième, ceux de la cavalerie. Cette dernière artillerie, imaginée par Frédéric, fut adoptée en France pendant la révolution; l'artillerie à pied, en général, est plus tenace, plus opiniâtre. L'artillerie à cheval obtient des succès plus brillants, par la vitesse avec laquelle elle accourt aux points menacés.

L'unité de force de l'artillerie est la réunion des hommes destinés à servir une batterie de six bouches à feu, dont quatre canons et deux obusiers. Lorsque les canons sont de 12, les obusiers sont de 6 pouces et la batterie dite de réserve. Les obusiers de 24 entrent dans la composition des batteries de 8. La batterie, soit à pied, soit à cheval, a la même organisation. La batterie à pied a 206 hommes et 198 chevaux. Il y a deux capitaines, deux lieutenants, un adjudant, huit maréchaux-des-logis, un maréchal-des-logis-chef, un fourrier. La batterie à cheval a 218 hommes et 254 chevaux. Une batterie de campagne de six bouches à feu se forme de vingt-quatre voitures, savoir : six affûts portant les pièces ; douze caissons de munitions ; deux chariots chargés d'affûts de rechange et d'armement, deux forges de campagne et deux affûts de rechange. Pour la guerre de montagnes, on a créé des batteries de six obusiers de 12, du poids de 100 kilogrammes sans l'affût. Chaque pièce est portée par un mulet, l'affût par un autre; la batterie est fournie de trois affûts de rechange, quarante caissons de gargousses, dix caisses de cartouches d'infanterie (chaque mulet porte deux caisses). En outre, il y a quatre caissons d'outils et une forge. Comme le mulet va dans presque tous les terrains, cette batterie peut servir dans les pays montagneux, comme en Algérie. Cependant, elle cause peu de mal à l'ennemi, à cause de l'incertitude de son tir. Elles produisent principalement un effet moral. Nous savons quelles sont les conditions d'une formation primitive ; ces conditions exigent pour l'artillerie un ordre déployé. L'intervalle entre les axes des pièces sera de quinze mètres au plus et de six mètres au moins. Chaque pièce est entourée de ses servants. Les avant-trains sont à six mètres en arrière de la ligne de bataille et les caissons à dix mètres des avant-trains.

Toutes ces bouches à feu sont commandées par le capitaine en premier ; deux bouches à feu forment une section. Celle du centre est commandée par l'adjudant ; les deux autres par les lieutenants. Lorsque les pièces sont en batterie, elles n'on tchacune qu'un caisson; les autres voitures forment la réserve de la batterie et sont sous le commandement du capitaine en second, qui envoie des munitions et des hommes quand les circonstances l'exigent.

Les manœuvres de l'artillerie sont analogues à celles de l'infanterie et de la cavalerie, puisque, comme elles, elle a les mêmes conditions à remplir ; elle marche déployée pour faire feu, et en colonne pour faire route. Elle n'a pas besoin de conserver des alignements exacts, et a la possibilité des conversions comme les autres armes; elle se porte en avant, se forme à droite ou à gauche en bataille, face en avant ou en arrière de la ligne de bataille, exécute des changements de front. Elle effectue ses manœuvres comme la cavalerie. Son allure la plus vive est le trot ; elle ne prend le galop que dans les moments de crise, et encore pendant quelques instants seulement.

CHAPITRE VI.

Tactique des différentes armes. — Combinaison des différentes armes entre elles. — Infanterie et cavalerie. — Infanterie et artillerie. — Cavalerie et artillerie. — Infanterie, cavalerie et artillerie.

Pour combiner différentes armes entre elles, rappelons-nous le mode d'action de chacune de ces armes. L'infanterie occupe et défend les lieux ; elle agit par feux. La cavalerie attaque et est propre à la poursuite ; elle agit par choc. L'artillerie n'a pas d'action spéciale, mais favorise tous les cas d'attaque et de défense ; son action est le feu.

Voyons, d'après ces différents modes d'action, la disposition que l'on donnera aux combinaisons des différentes armes entre elles. La première condition à remplir est que les deux armes se soutiennent.

On dit qu'une arme en soutient une autre, toutes les fois que celle qui fait les opérations principales se trouve dans la même sphère d'action que la seconde.

Il est clair que les circontances particulières du terrain, le but qu'on se propose, les dispositions de l'ennemi, indiqueront l'arme qui doit jouer le rôle principal. Sur un terrain horizontal, ce sera ordinairement la cavalerie qui aura le rôle principal ; sur un terrain accidenté, ce rôle appartiendra à l'infanterie et le rôle de soutien à la cavalerie ; l'artillerie remplira toujours ce dernier rôle. Les combinaisons d'infanterie et de cavalerie sont médiocres et ne se font que pour des combats d'une petite échelle.

Voyons, quand l'infanterie jouera le rôle principal et la cavalerie celui de soutien, quel sera le dispositif de ces deux armes. L'infanterie sera sur deux lignes, à 3 ou 400 mètres de distance l'une de l'autre. Les positions faibles de l'infanterie sont les flancs; la cavalerie devra donc être placée dans la sphère d'action, et sera à 300 mètres des flancs de la première ligne. — Si l'infanterie est appuyée sur ses flancs à des obstacles naturels, alors la cavalerie sera disposée en arrière; cette disposition lui permettra de passer à travers les intervalles de l'infanterie, et à compléter les avantages qu'elle aura déjà obtenus.

Quand la cavalerie est arme principale, elle est placée en première ligne; l'infanterie pourra occuper, sur le front de la cavalerie, des postes, et la soutiendra par ses feux, quand celle-ci, ayant été repoussée, viendra se rallier. Si le terrain s'y prête, on place, sur les flancs de la cavalerie, l'infanterie qui appuiera sa marche, en la protégeant par des feux croisés.

Ainsi, à Sitzheim, la cavalerie entre dans le défilé, et le long des pentes est l'infanterie qui la soutient.

A Austerlitz, le terrain de Blasowitz à la route de Brunn est faiblement accidenté et permettait l'emploi de la cavalerie. Celle ennemie, beaucoup plus nombreuse, occupait le terrain en avant. — La cavalerie française était soutenue par l'infanterie, composée des deux divisions Suchet et Cafarelli. Voici le dispositif que l'Empereur donna à ses troupes, son but étant de s'emparer du terrain en avant qu'occupait l'ennemi. La cavalerie légère était en première ligne; venait ensuite l'infanterie sur deux lignes ployées en colonne double et formée en échiquier; en quatrième ligne, la cavalerie de réserve. Voyons ce qui devait se passer d'après ce dispositif; la cavalerie légère chargerait : si cette charge est heureuse, l'infanterie occupe le terrain gagné par la cavalerie et le défend. Admettons, ce qui est probable, que cette faible ligne de cavalerie soit battue, elle passera entre les intervalles de l'infanterie et viendra se rallier derrière les cuirassiers, la cavalerie ennemie voudra poursuivre, l'infanterie se formera alors en carrés qui donneront des feux croisés et feront subir à l'ennemi de grandes pertes; s'il persiste à avancer, il se trouvera en face d'une ligne de cuirassiers qui la ramènera probablement. C'est en effet ce qui arriva.

Les différents cas où ces deux armes pourront se soutenir sont : 1° toutes les fois que la direction des deux armes sera différente. Ainsi, si l'infanterie attaque de front, tandis que la cavalerie suit une autre direction pour tourner les flancs de l'ennemi ; 2° quand le moment du combat sera différent ; 3° si les directions sont parallèles.

Hors ces trois cas, il n'y a pas possibilité qu'une arme en défende utilement une autre.

Passons à la combinaison d'artillerie et d'infanterie. L'infanterie agit par les feux, l'artillerie agit de même, mais avec beaucoup plus d'intensité encore, et augmente l'action de défense de l'infanterie. L'action propre à la résistance est le feu ; chaque fois qu'on arrivera au maximum des feux, on aura le maximum de l'action défensive, qui est le seul mode d'action de l'infanterie combinée à de l'artillerie, car, sans cavalerie, on ne pourra pas entreprendre avantageusement une attaque. L'infanterie se formera sur deux lignes, l'artillerie devra être placée de manière à ce qu'elle soit soutenue par l'infanterie. Si on la plaçait au centre, elle ne pourrait agir que par feux directs, feu le moins avantageux ; de plus, les caissons seraient proches des soldats, et s'ils venaient à éclater, causeraient de graves acidents. Si on la plaçait sur les flancs, elle pourrait agir par feux d'échape, mais alors l'artillerie ne serait pas soutenue, et servirait au contraire d'appui aux flancs de la ligne d'infanterie. Le mode le plus avantageux sera donc de placer l'artillerie en avant des intervalles de la première ligne d'infanterie. Si cette artillerie était trop éloignée de la ligne d'infanterie, l'ennemi serait plus exposé à ses feux, mais elle ne serait pas suffisamment défendue par l'infanterie ; la distance maximum sera de 150 mètres, elle ne devra pas être plus près que 60 mètres.

Si l'infanterie se forme en carré, l'artillerie sera disposée à en défendre les angles.

Dans le cas où l'infanterie attaquerait et le ferait par échelons, l'artillerie serait disposée de manière à défendre les flancs intérieurs des échelons.

Dans la campagne de 1814, à La Fère-Champenoise, une division de gardes nationaux, soldats dont l'instruction militaire était nulle, sous le commandement du général Pacthod, dut à la bonne combinaison de l'artillerie et de l'infanterie, le pouvoir de résister pendant quatre heures contre toute la cavalerie russe, jusqu'au moment où l'ennemi fît avancer du canon.

Voici les dispositions que le général donna à cette division : Il la forma en carré par régiment, ces carrés disposés en échiquier et placés de manière à présenter leurs angles saillants à l'ennemi. L'artillerie était placée dans les angles, du côté où l'on prévoyait l'attaque; tous ces carrés étaient appuyés à des marais.

Passons à la combinaison de la cavalerie et de l'artillerie. La cavalerie agissant par le choc, l'artillerie par le feu, celle-ci lui donnera l'action qui lui manque. Cette combinaison est un instrument excellent pour l'offensive. L'artillerie appuiera les mouvements de la cavalerie, elle servira à leur ouvrir des trouées dans les rangs ennemis, par laquelle se précipitera la cavalerie. Sans artillerie, l'attaque est extrêmement faible. En 1814, à Wauchamps, Grouchy fit exécuter de grandes charges contre l'ennemi, au moment où celui-ci faisait un tournant pour battre en retraite; s'il eût pu faire avancer à temps deux batteries d'artillerie qui le suivaient, l'armée de Silésie était perdue.

En Russie, une division d'infanterie russe, forte de 6000 hommes, reçut l'ordre de couvrir la retraite de l'armée russe (à Crasnoé); Murat, avec l'avant-garde française, chargea contre cette infanterie qui s'était formée en masse et repliée sur la grand'route, qui était bordée d'arbres, en sorte que ces charges furent sans résultat. S'il eut fait attaquer cette infanterie par de l'artillerie, elle eut été forcée de mettre bas les armes.

Voyons la combinaison des trois armes : Le terrain étant supposé horizontal, l'infanterie sera placée sur le terrain qu'elle doit défendre; pour que la défense soit active, il faut qu'elle ait lieu par successions d'efforts. L'infanterie sera sur deux lignes, — avec une réserve — la première ligne devant agir immédiatement, sera déployée; la deuxième sera en colonne, à 300 mètres de la première; la réserve devra avoir un dispositif d'attente; elle sera formée en colonne serrée en masse, et sera à 1000 ou 1200 mètres de la seconde ligne. La réserve doit être composée des mêmes éléments que l'armée.

L'artillerie sera placée en avant des intervalles et des flancs. La meilleure direction à donner aux batteries, c'est celle qui permettra aux feux de se croiser; il devra y avoir de l'artillerie à la réserve. Une grande partie de la cavalerie disposée en colonnes s'y trouvera également, car il faut la dérober autant que possible aux feux de l'ennemi, et ne l'employer que pour les moments décisifs. Elle sera placée sur les flancs, de manière à soutenir l'artillerie. La cavalerie employée en seconde ligne aura ses escadrons, les uns déployés, les autres ployés et placés en potence, afin de pouvoir défendre les flancs, soit en se formant en avant, à droite ou à gauche en bataille. La marche en avant de l'armée pourra être directe ou oblique, le général indiquera la direction et les troupes exécuteront les manœuvres qui doivent être solides et courtes.

CHAPITRE VII.

Des positions militaires — Front. — Abords. — Flancs. — Intérieur. — Derrière. — Obstacles en avant de la position. — Étude du terrain. — Défense des positions.

L'influence du terrain constitue la différence qui existe entre la façon de faire la guerre des anciens et des modernes. Chez les anciens, le terrain avait peu d'influence; sous Turenne, il en avait au contraire beaucoup; maintenant, l'importance absolue du terrain a été modifiée, et on en est revenu sur certaines positions qui, lors du règne de Louis XIV, paraissaient indispensables à occuper.

En général, une armée part d'une base d'opérations pour se diriger vers un point, *l'objectif*. Dans toutes les circonstances de sa marche il y a des cas où elle doit s'arrêter; elle occupera alors une portion déterminée du terrain : cette portion déterminée s'appelle position.

En occupant une position, une armée peut avoir le but soit de défendre cette position, soit d'attaquer celle de l'ennemi. Il y a donc des positions offensives et d'autres défensives. Mais comme il faut se défendre soi-même en attaquant, nous voyons que la position offensive n'est qu'une extension de la position défensive. Aussi étudions-nous seulement cette dernière.

On distingue dans une position : le front, les abords, les flancs, l'intérieur et le derrière; chacune de ces parties doit remplir dans le but défensif certaines conditions; remarquons d'abord qu'elle ne sera bonne qu'autant qu'elle permettra aux troupes spéciales de concourir à la défense. Il faut de plus qu'elle soit en rapport avec le nombre de troupes qui la défendront.

Le front d'une position est la partie extérieure de la position, celle qui fait face à l'ennemi. Le front devra être en proportion avec le nombre des troupes qui la défendent; il faudra qu'il ne soit pas masqué.

On entend par abords la partie du terrain qui se trouve en avant du front; ils devront être de telle nature qu'il soit facile aux troupes qui occupent la position de se porter en avant. Les troupes assaillantes ne devront pas être masquées par ces abords.

Les flancs devront être appuyés à des obstacles que l'ennemi ne puisse pas enlever. Il y a deux genres d'obstacles : ceux dits inertes et ceux actifs; ceux inertes sont les meilleurs.

L'intérieur est la partie comprise entre le front et les flancs. Il ne devra pas être coupé par des accidents du terrain, ce qui empêcherait le mouvement des défenseurs. Il faudra qu'il soit masqué, afin que les défenseurs soient le plus possible à l'abri des feux de l'ennemi.

Les derrières devront communiquer facilement avec l'intérieur et ne pas pouvoir être occupés par l'ennemi, ce qui ôterait toute possibilité de battre en retraite.

La position est dite bonne si elle remplit toutes ces conditions.

La force d'une position est augmentée par les obstacles qui se trouvent en avant; ils sont de deux sortes : 1° les uns inertes, c'est-à-dire que l'ennemi ne peut pas occuper; ainsi une rivière coulant parallèlement au front, augmentera de beaucoup la force de la position, l'ennemi étant obligé de la traverser sous le feu des défenseurs; les marais qui présentent à l'ennemi une foule de défilés dans lesquels il devra s'engager; 2° les obstacles actifs, ainsi des villages, des bois. Il faut dans ces sortes d'obstacles considérer leur forme, car elle n'est nullement indifférente à la facilité de la défense. Leur nature : ainsi, un village qui sera en pierres sera susceptible d'une meilleure défense qu'un construit en bois. Leur ensemble : ces différents villages devront se flanquer mutuellement, leur communication devra être facile, la défense d'un poste n'étant possible qu'autant que ce poste recevra des renforts.

Pour qu'un obstacle appartienne au système général de défense, il faut qu'il puisse être flanqué par la position ; il ne devra donc pas être à une distance plus grande que 800 mètres.

Il faut toujours détruire ceux des obstacles actifs que l'on ne peut pas occuper, mais il ne faut les détruire qu'après en avoir tiré tout le parti possible, et lors seulement que cet obstacle se trouvera débordé par l'ennemi.

C'est ce que firent habilement les Russes à la bataille de Craonne : en avant du défilé se trouve la ferme de Heurtebise, obstacle actif ; sa forme était avantageuse, la communication facile par la route des Dames, le flanquement possible ; ce village, à prime abord, semblait donc devoir être occupé, mais si nous remarquons que toutes les routes viennent converger en arrière de cet obstacle, nous voyons alors que les Russes ne devaient pas l'occuper, car les communications pouvaient être coupées ; c'est aussi ce qu'ils firent ; mais ils n'y mirent le feu qu'après en avoir tiré tout le parti possible et lorsqu'ils se virent débordés par les colonnes françaises.

Parmi les obstacles actifs sont les bois ; ils sont moins avantageux que les villages ; dans les villages on peut encore augmenter la force au moyen de travaux d'art, de plus le chef surveille les progrès de l'attaque et a ses soldats sous les yeux, il peut donc combiner les moyens de défense. Dans les bois, au contraire, il n'y a pas de liaisons possibles entre les différentes troupes ; tout ordre est impossible et l'avantage restera toujours au plus grand nombre.

On doit faire en sorte que la position ne puisse pas être dominée par l'ennemi. Il faut reconnaître tout d'abord les points faibles et les points importants de la position, afin d'en augmenter autant que possible les moyens de défense. Les points faibles sont ceux dont l'occupation peut amener à celle des points importants ; ainsi les abords ; puis il y a encore des points appelés clefs de la position. A Craonne le point faible était Vassogne, son occupation permit aux Français d'occuper le plateau ; à Montmirail, le point important est la ferme de la Haute-Épine ; son occupation oblige les Russes à battre en retraite. A la bataille de Vauchamps, en 1814, notre cavalerie s'empare sur les derrières de l'ennemi de plusieurs points stratégiques, et les avantages remportés furent alors immenses.

Pour étudier le terrain, on s'en donne un tracé et plusieurs profils. Le tracé nous fera juger du flanquement possible entre les différents obstacles et le système général de défense. On comparera autant que possible ce tracé à un système de fortification, et on en conclura les avantages qui se rapportent à ce système ; ainsi la position de Montmartre présente un fort bastionné, celle de Craonne un vaste redan dont la ferme de Heurtebise est le saillant.

Pour étudier les différentes hauteurs, les points dominants du terrain, on aura recours à des profils ; en général il faut cinq profils. Le premier devra être tracé parallèlement au front de la position. Ainsi pour la position de Craonne le plan passera par Vasselonne et Ailles ; ce profil nous indiquera qu'il y a une route de communication, nous montrera la rapidité des pentes à droite et à gauche, le point dominant de ce front. Ce profil avait été mal déterminé par les Russes, qui, d'après lui, crurent les pentes du côté de Vasselonne impraticables à la cavalerie.

Les attaques ayant lieu sur les flancs, il faudra aussi faire passer des profils par ces flancs. Les autres profils passeront par la ligne perpendiculaire au front. C'est sur ces tracés et sur ces profils levés par des officiers expérimentés, que le général étudiera les positions. La confection de ces profils constitue ce qu'on appelle les reconnaissances militaires.

La défense d'une position est organisée par les difficultés que le terrain présente, par les ouvrages d'art et par le dispositif des troupes sur le terrain.

Les difficultés que le terrain présente sont ordinairement assez nulles, car nous avons vu que, pour que les feux soient avantageux, il faut que les pentes ne soient pas très-rapides, ce qui exclue les difficultés d'escalade.

Dans les guerres modernes, il n'est possible de placer des ouvrages d'art que lorsque la position est préparée à l'avance, c'est-à-dire qu'elle soit telle que l'ennemi soit obligé nécessairement d'y passer. Ainsi en 1810, les Anglais, pour couvrir Lisbonne, avaient établi un camp retranché à Torrès-Vedras, sur la seule ligne par laquelle les Français devaient se porter sur Lisbonne. Ceux-ci ne purent pas l'enlever. Il est rare cependant qu'on augmente la force des positions par des ouvrages d'art.

Étudions maintenant le dispositif des troupes. On ne peut pas donner de règles fixes, cependant on peut constater les résultats de plusieurs dispositifs que nous ont appris l'expérience.

Il est inutile de placer des troupes sur tous les points du front de la position, il suffit que les feux se croisent. Les considérations de distance et d'intervalle n'existent plus dans le dispositif des troupes, il faut autant que possible masquer les troupes, il faut choisir avec soin l'emplacement des réserves; si le terrain est fortement accidenté, les troupes ne seront engagées que par fractionnement; si la position est légèrement accidentée, on agira en masse sur les points où les accidents sont nuls, et par petits pelotons de tirailleurs aux points accidentés, enfin on agira en masse si le terrain n'est pas accidenté. Suivant que l'on voudra garder exclusivement la défensive ou prendre l'offensive, le dispositif des troupes sera modifié.

CHAPITRE VIII.

Des marches — Marches-manœuvres. — Composition des colonnes. — Avant-garde. — Flanqueurs. — Arrière-garde. — Dispositif des colonnes. — Direction des colonnes. — Marches rétrogades. — Marches de flanc.

En général, une armée marche toutes les fois qu'elle doit être rassemblée sur un point, quand elle doit joindre l'ennemi, quand elle doit l'éviter. Les marches peuvent être exécutées dans la sphère d'activité de l'ennemi ou en dehors. La conduite et le but de la marche ressortent de la science du général en chef ; c'est à lui qu'appartient la direction des différentes colonnes. Quant aux détails de l'exécution des marches, ils rentrent dans le ressort de la tactique, et on peut donner à ce sujet quelques règles démontrées par l'expérience. On a donné à l'ensemble des règles qui régissent l'exécution d'une marche, le nom de logistique. Elle comprend la disposition des troupes dans les colonnes, l'itinéraire (qu'il ne faut pas confondre avec la direction) des différentes colonnes; l'ensemble des soins administratifs, qui auront pour but de faire subsister les troupes.

Nous avons déjà vu que l'on distinguait deux espèces de marches : 1° les marches de concentration ou de rassemblement, c'est-à-dire celles qu'une armée est obligée d'exécuter pour se porter sur la base d'opérations dans le cas de l'offensive, et sur la ligne défensive dans le cas de défensive ; 2° les marches-manœuvres. Étudions les conditions que doivent remplir les premières : les différentes colonnes ne doivent pas être mélangées ; ainsi elles ne doivent pas être composées de cavalerie et d'infanterie, à moins que la présence de l'ennemi ne l'exige. Elles ne doivent pas marcher pendant la nuit, surtout de minuit à quatre heures. Pour en faire l'expérience, on fit marcher un régiment la nuit et un le jour, et on vit que dans le premier cas le nombre des traînards était beaucoup plus grand.

Les marches peuvent être forcées, c'est-à-dire que l'on peut augmenter l'étape. La nécessité de faire cuire les aliments ne permet pas de faire marcher pendant plus de dix heures. Dans ce laps de temps, on exécute neuf lieues ; puis tous les trois ou quatre jours, il faut une journée de repos. Tout cela demande du temps ; aussi quand on veut faire arriver des troupes sur un point le plus vite possible, les fait-on transporter en chemin de fer.

Il peut arriver que le point de concentration au lieu d'être sur la frontière, soit en avant ; ainsi, en 1805, le point de rassemblement était Stuttgard : dans ce cas, les marches de concentration doivent s'exécuter de manière à attirer l'attention de l'ennemi par des diversions, et couvrir le terrain qui doit être le point de rassemblement, par un réseau de troupes. C'est en effet ce que fit Napoléon ; Masséna fit diversion aux sources du Danube dans le bassin du Necker, en poussant des pointes vers Ulm.

Dans les marches, la grande difficulté est de faire vivre les troupes. En France, en Belgique, en Allemagne, pays riches, il n'est pas très difficile de se procurer des vivres chez l'habitant, mais dans des pays pauvres, cela devient beaucoup plus difficile. Les troupes transportent huit jours de vivres ; elles en portent elles-mêmes quatre jours. La nourriture des quatre autres jours est transportée dans des voitures.

Les marches exécutées en présence de l'ennemi sont appelées marches manœuvres : elles doivent être exécutées hors du canon, et ont pour but de se former, s'il est nécessaire, en bataille et de la manière la plus prompte possible, tout en gagnant du terrain en avant.

Étudions la composition des colonnes, leur direction et les détachements qui doivent les accompagner.

Il est évident d'abord qu'une armée qui marche doit se former en colonne. Faudra-t-il former une seule colonne ? Si nous remarquons qu'une division de 6000 hommes occupe en colonne une distance égale à son front, c'est-à-dire, compris les intervalles, une distance égale de 1200 à 1500 mètres, on conçoit que la profondeur d'une armée de 100,000 hommes serait de quatre à cinq lieues. Si l'ennemi se présentait, il pourrait détruire la tête de la colonne avant que la queue pût arriver à son secours, et, de plus, tout déploiement serait impossible. Remarquons encore que la tête de la colonne s'emparerait de tous les vivres qui seraient sur son chemin, et qu'alors la queue, passant par les mêmes points, ne trouverait aucune ressource chez l'habitant. Une armée devra donc former plusieurs colonnes.

Supposons maintenant que chaque unité de force fasse une colonne, il faudrait pour cela que le terrain le permit. Le moyen intermédiaire est donc de fractionner l'armée d'une manière telle que chaque colonne puisse se suffire à elle-même. La force des différentes colonnes dépendra du nombre de routes parallèles que le terrain présente. La force maximum des différentes colonnes est de 25 à 30,000 hommes. Mais s'il y a plusieurs routes parallèles et aboutissant au même point, on peut augmenter le nombre des colonnes.

Les marches manœuvres doivent comporter toutes les conditions énoncées pour les marches de concentration ; elles doivent de plus offrir rapidité, simplicité, solidité et sûreté. On donnera de la sécurité en disposant autour des différentes colonnes des troupes destinées à l'avertir de la présence de l'ennemi, et à le contenir quelque temps. Il y aura donc une avant-garde, des flanqueurs et une arrière-garde.

L'avant-garde précède la colonne. Elle a pour but non-seulement de prévenir la colonne de l'arrivée de l'ennemi, mais encore de l'arrêter en lui faisant tête. Il faut donc qu'elle soit composée des troupes de toutes armes, dans des proportions telles que la résistance soit possible. L'expérience a prouvé que l'avant-garde devait être dans la proportion de 1/5 à 1/10 de l'armée totale. Elle sera ordinairement composée de troupes légères. Elle doit être à une distance telle du corps d'armée, que ce dernier ait le temps de se déployer. Le minimum sera égal à la profondeur de la colonne. La conduite de l'avant-garde appartient à un général qui doit remplir certaines conditions, et entre autres, avoir beaucoup de sagacité dans la recherche de l'ennemi et d'énergie lorsqu'il s'agira de le contenir.

Les flanqueurs ont la mission d'éclairer le corps d'armée sur les flancs. Il est moins important d'être éclairé sur les flancs, car on conçoit que l'ennemi ne peut pas quitter les grandes routes pour aller manœuvrer à travers champs. Aussi pour un corps d'armée de 30 à

40,000 hommes, ne faut-il qu'un bataillon ou un escadron pour remplir les fonctions de flanqueurs.

Il faut aussi une arrière-garde. Le rôle de l'arrière-garde est plutôt un rôle de police intérieure ; elle devra arrêter les traînards. Elle ne devra jamais perdre de vue le corps d'armée. Elle peut être faible.

Les troupes dans l'intérieur de la colonne seront disposées d'une manière telle que le déploiement soit facile et que les troupes soient dans leur ordre de bataille, c'est-à-dire l'infanterie en première ligne, l'artillerie dans les intervalles.

En avant de la première ligne on placera la batterie divisionnaire, pour faciliter le déploiement. L'artillerie sera couverte par une partie d'infanterie. Chaque division d'infanterie est précédée de sa batterie ; vient ensuite la cavalerie ; avec sa vitesse, elle pourra se porter en ligne en même temps que l'infanterie. Si elle eût été en première ligne, qu'elle vînt à charger et qu'elle échouât, elle reviendrait se rabattre sur l'infanterie et y mettrait le désordre. Les bagages seront disposés à la queue de la colonne.

Le front de la colonne doit être proportionné à la moindre largeur de la route.

Quand on a plusieurs colonnes dans la même direction, il faut éviter que ces colonnes ne viennent à se couper ; il en résulterait du retard pour l'une et l'autre colonne. Ainsi à la bataille de Craonne, la division Charpentier, indispensable sur le champ de bataille, fut retardée pendant trois heures, parce qu'elle vint à rencontrer le grand parc d'artillerie et qu'elle dut attendre qu'il fût passé.

Si entre les colonnes il existait des obstacles infranchissables qui, par conséquent, empêcheraient les différentes colonnes de se réunir au besoin, il en résulterait de graves inconvénients. C'est ainsi qu'à Rivoli les colonnes autrichiennes se virent écrasées par les Français. Il y aura autant de colonnes qu'il y aura de routes parallèles et aboutissant au point sur lequel on se dirige. Ces différentes colonnes devront marcher à hauteur l'une de l'autre. La distance qui existe entre deux colonnes consécutives doit pouvoir être franchie en une journée de marche au maximum. On donne l'ordre aux colonnes de se soutenir entre elles, et elles doivent se porter au point où elles entendent que le feu est engagé.

Voici à peu près quel serait le dispositif d'une armée de 100,000 hommes sur cinq colonnes. L'avant-garde, dans la proportion de un cinquième, par conséquent de 20,000 hommes, sera sur la même route et à une journée de marche du corps principal (la troisième colonne). Derrière ce corps, la réserve. Si maintenant il y a quatre routes parallèles à celle que suit le corps principal, il y aura alors quatre autres colonnes, chacune ayant une avant-garde. Les colonnes extrêmes de droite et de gauche auront des flanqueurs pour éclairer le pays. Lorsque l'avant-garde annonce la présence de l'ennemi, le général en chef se porte sur le terrain, reconnaît la position et ordonne à l'avant-garde d'occuper fortement les débouchés. Les différentes colonnes se rapprocheront. Au signal d'un coup de canon, elles s'arrêtent et serrent en masse. Si la ligne de bataille est oblique aux directions des colonnes, au signal d'un second coup de canon les colonnes se redresseront perpendiculairement à cette ligne, et enfin arrivées sur le terrain qu'elles doivent occuper, elles se déploient.

Il y a différentes espèces de marches manœuvres : 1° les marches pour aller à l'ennemi ; ce sont celles de front dont nous nous sommes déjà occupés ; 2° les marches rétrogrades : quand on veut éviter l'ennemi, on exécute ces sortes de marches, qu'il ne faut pas confondre avec une retraite ; 3° les marches de flanc, qu'on exécute pour aller occuper certaines positions du terrain. Les marches rétrogrades ont pour but, disons-nous, d'éviter l'ennemi et de sembler battre en retraite, pour l'attirer dans de certaines positions, c'est ce que fit Napoléon à Austerlitz. Lorsqu'il s'agit d'exécuter une marche rétrograde, il faut gagner l'avance sur l'ennemi ; on y parvient soit en faisant exécuter un mouvement offensif (ce que fit Napoléon au combat de la Rothière), ou bien en marchant la nuit et se couvrant de rivières dont on fait sauter les ponts. On peut placer aussi différents corps chargés d'arrêter l'ennemi. Dans les marches rétrogrades le rôle principal appartient à l'arrière-garde, qui doit, dans cette occasion, être renforcée. Elle doit contenir l'ennemi, ne pas s'engager assez, pour ne pas forcer le corps principal au combat, et ramasser les traînards qui, sans cela tomberaient au pouvoir de l'ennemi. Le général qui les conduit devra donc choisir avec sagacité les positions où il pourra arrêter longtemps l'ennemi sans trop s'engager. Nous avons une très-belle marche rétrograde exécutée par les Russes en 1812. L'arrière-garde, qui remplit admirablement bien le rôle qui lui était confié, était commandée par Bagration.

Dans les marches rétrogrades, les colonnes extrêmes de droite et de gauche doivent être serrées en masses et prêtes à combattre sans cesse l'ennemi qui peut tenter de venir couper les lignes de retraite.

Il est certain que si on pouvait marcher dans l'ordre même de bataille, on acquerrait le maximum d'avantage.

Mais il est presque impossible de trouver des conditions de terrain telles que l'on puisse transporter ses lignes parallèlement à la ligne de bataille avec leurs intervalles et leurs distances. Il est donc nécessaire d'exécuter des marches de flanc : mais il faut de la part de l'armée qui exécute une marche de flanc, en présence de l'ennemi, une grande supériorité de manœuvres et de mobilité. Frédéric les employa avec succès contre les Français et les Autrichiens, parce que ses troupes étaient éminemment plus manœuvrières. Les inconvénients de cette marche sont que le dispositif ne donne aucun moyen de résister à une attaque de l'ennemi exécutée sur le front et sur le flanc simultanément, que l'observation des distances est difficile à remplir ; aussi ne fait-on exécuter ces marches que pour de petites distances et avec un corps peu nombreux.

L'armée qui exécutera une marche de flanc devra placer un fort détachement entre elle et l'ennemi, afin qu'en cas d'attaque elle ait le temps de se déployer. Il faut encore une forte avant-garde.

Or, ces conditions d'une forte avant-garde et d'un fort détachement ne peuvent s'accorder avec la composition du corps principal que nous avons dit devoir être faible.

Si ces colonnes viennent à rencontrer des obstacles inertes, comme une rivière, un marais, il faudra les laisser entre la colonne et l'ennemi ; si au contraire l'obstacle est actif, comme un village, il faudra l'occuper fortement, sans cela, l'ennemi s'en emparant, menacerait les flancs de la colonne.

L'avant-garde sera composée de troupes de toutes armes ; elle sera formée en colonne serrée pour rendre le développement plus rapide. Les colonnes extrêmes du côté de l'ennemi seront composées d'infanterie; la première de ces colonnes sera à distance entière, pour pouvoir, par une simple conversion, faire face à l'ennemi qui menacerait le flanc. La cavalerie ne sera ni à la tête ni à la queue d'une colonne, car l'inégalité d'allures entre elle et l'infanterie ferait perdre les avantages qu'on en attend. Elle formera une ou deux colonnes parallèles à celles de l'infanterie du côté opposé à l'ennemi. Enfin les bagages et l'artillerie dont on n'aurait pas besoin formeront une dernière colonne.

Pour faciliter la défense, les colonnes peuvent marcher en tuyaux d'orgue, c'est-à-dire que la colonne la plus rapprochée de l'ennemi se trouve la plus en arrière, celle qui vient après sera plus avancée, et ainsi de suite, chaque colonne ayant son avant-garde et son arrière-garde.

Supposons une armée en position sur trois lignes, deux d'infanterie et une de cavalerie, exécutant une marche de flanc La première colonne, du côté de l'ennemi, sera composée d'infanterie, elle sera à distance entière, ayant entre elle et la ligne ennemie un fort détachement La deuxième colonne, également d'infanterie, sera serrée en masse, la troisième colonne sera formée par la cavalerie, et enfin les bagages formeront une quatrième colonne. Ces différentes colonnes marcheront autant que possible de manière à se couvrir par toutes les élévations du terrain.

CHAPITRE IX.

Des batailles. — Bataille offensive, — défensive, — de rencontre. — Points d'attaque. — Dispositions d'attaque. — Ordre parallèle. — Ordre oblique. — Attaque sur une aile. — Attaque sur deux ailes. — Engagement et ses phases — Poursuites et retraites.

Pour arriver à la possession de l'objectif, il faut un ou plusieurs engagements à la suite desquels les forces de l'ennemi sont dispersées ; ces engagements se nomment batailles ; une bataille est un engagement sur une grande échelle.

On distingue les batailles en trois catégories : 1° batailles offensives ; 2° batailles offensives-défensives, batailles défensives absolues ; 3° batailles de rencontre.

Une bataille est offensive, lorsqu'une des deux armées va chercher l'autre ; elle est défensive de la part de celle qui attend. Enfin il peut arriver que les deux armées ayant pris l'offensive, viennent à se rencontrer quelquefois à l'improviste ; alors aura lieu une bataille de rencontre.

Il y a différentes manières d'agir suivant ces trois sortes de batailles, par suite, différentes règles. Mais on conçoit qu'il n'est pas possible de donner des règles invariables, puisqu'il peut arriver des évènements imprévus qui viennent changer les dispositions de la bataille.

Ainsi, à la bataille de Toulouse, donnée en 1814 par Soult, ce maréchal voulait suivre en tous points les manœuvres de Napoléon à Austerlitz, c'est-à-dire forcer l'ennemi à une marche de flanc, et pendant ce temps lancer une division sur le point principal. Mais le général dirigeant cette division fut tué, alors la colonne tourbillonna, ne sachant quelle direction suivre, et la bataille fut perdue.

De quelque nature que soit une bataille, on y remarque les phases suivantes : d'abord une reconnaissance, — puis la formation en bataille, — l'engagement et ses phases, — enfin les manœuvres ayant pour but de compléter la victoire ou d'assurer la retraite.

Lorsque l'avant-garde a pris connaissance de la présence de l'ennemi sur un point, elle en donne immédiatement avis au général en chef qui est en tête du corps principal et qui se porte aussitôt sur les lieux; il ordonne aux colonnes de serrer et de se diriger en accélérant la marche vers le terrain que l'on doit occuper. La manière d'engager les masses détermine souvent les succès. Pendant que l'avant-garde prend les dispositions les plus favorables à la défense des débouchés, le général en chef étudie la position de l'ennemi et établit son plan de bataille; il fait exécuter à un détachement une reconnaissance offensive pour forcer l'ennemi à ouvrir ses lignes et à démasquer sa position ; des officiers d'état-major font partie de cette expédition. C'est à eux qu'appartient l'exécution des tracés et des profils dont nous avons parlé. Pendant ce temps, les colonnes se pressent d'arriver sur le lieu du combat.

Un plan de bataille comporte : la détermination des points d'attaque, la disposition à donner à l'armée. Le point d'attaque sera le lieu dont la possession donnera le plus d'avantages et qui permettra à l'armée d'agir sans découvrir ses lignes de retraite. Ainsi si la ligne d'opération de l'ennemi est contiguë à sa ligne de bataille (c'est le cas où l'ennemi arrive par une marche de flanc), le point extrême de sa colonne sera alors le point, dont l'occupation sera le plus avantageux, car on coupera immédiatement sa retraite. Si la ligne d'opération est perpendiculaire à la ligne de bataille, il y a deux cas à considérer, elle peut l'être à une des ailes ou au centre; dans le premier cas, le point d'attaque le plus avantageux sera le point de jonction des deux lignes ; dans le deuxième cas, le point d'attaque est indéterminé. Elle pourra avoir lieu sur deux points du front de l'ennemi, nous ne disons pas trois, car ce serait retomber dans l'ordre parallèle dont les tacticiens rejettent l'emploi ; 2° sur les deux ailes. Ainsi la bataille de Leipsick. — On peut aussi enfoncer le centre et tourner une aile.

Si un obstacle inerte, tel qu'un précipice, un marais, une rivière, flanquait la position de l'ennemi, on chercherait, en culbutant l'aile opposée, de l'y rejeter. On doit étudier avec soin quels sont les points forts et les points faibles de l'ennemi. Si le point principal d'attaque est tellement défendu qu'il soit inattaquable, alors on s'emparera des points dont l'occupation facilitera celle du point principal.

Une fois que le général en chef a déterminé les points d'attaque, il lui reste à indiquer la disposition que doit prendre l'armée. Les dispositions d'attaque se distinguent :

1° En ordre contigu, c'est-à-dire toutes les fois que l'on pourra agir avec ses troupes simultanément sur le point d'attaque ; il faut que la liaison soit parfaite ; ainsi, à Austerlitz. L'ordre de bataille peut être séparé ; ainsi, à Montmirail il y avait une division gardant les débouchés de la route de Château-Thierry pour y contenir les Prussiens qui arrivaient. L'infanterie était derrière Pomesson, la cavalerie à droite de la grand'route pour s'opposer à la jonction des Russes et des Prussiens.

2° L'ordre de bataille peut être parallèle à la ligne ennemie ou oblique. Dans l'ordre parallèle, si les armées sont égales en nombre et en supériorité, il y aura des engagements sur tous les points sans grands résultats. L'ordre parallèle est cependant celui suivant lequel se présente ordinairement une armée, de manière à laisser ignorer le point qu'elle attaquera et les dispositions qu'elle va prendre.

L'ordre oblique a pour but d'être le plus fort sur un point donné, en refusant certaines parties de sa ligne et en en renforçant d'autres.

Ordinairement, les points d'attaque rentrent dans les trois catégories suivantes : ou bien on agira sur une aile, sur les deux ailes, ou sur un ou deux points du front de l'ennemi.

L'attaque sur une aile serait une fort belle manœuvre, car elle permettrait de couper les lignes d'opérations de l'ennemi ; mais cette manœuvre est rare et difficile ; nous voyons Frédéric l'opérer avec succès à Leuthen.

L'attaque sur les deux ailes peut avoir de grands résultats, mais cette manœuvre est dangereuse, car on dégarnit son centre, et les deux ailes peuvent être séparées. C'est, en effet, ce qui arriva à l'armée des coalisés à Austerlitz ; ils dégarnirent leur centre qui occupait Pratzen pour se prolonger par l'aile gauche, et c'est alors qu'ils furent percés. Pour exécuter une semblable manœuvre avec succès, il est avantageux d'avoir son centre couvert par un retranchement, ce que fit Napoléon à la bataille de Dresde.

3° Enfin attaquer un ou deux points de la ligne ennemie, deux au plus. Cette manœuvre se réduit ordinairement à enfoncer le centre et à tourner une aile.

Étudions maintenant la manière générale de conduire l'engagement. On ne peut donner que des indications très-vagues, car chaque bataille a ses phases différentes. Il faut voir cependant le rôle des différentes armes, ainsi que la manière et le moment de les engager.

Avant la bataille le général en chef réunit ses sous-ordres pour leur donner ses dernières instructions. Il se borne à leur indiquer la direction dans laquelle ils devront agir et les troupes qu'ils auront à combattre ; pour le reste, il est obligé de s'en rapporter à eux, car les chances du combat détruiraient toutes ses prévisions. Il leur indique le point où il se trouvera lui-même pour que les officiers d'ordonnance puissent l'instruire le plus tôt possible de ce qui se passe. Depuis longtemps on a perdu l'habitude de faire des harangues aux troupes. Napoléon leur adresse souvent, par la voie de l'ordre du jour, quelques-unes de ces paroles énergiques si propres à retremper l'âme du soldat.

Lorsque le général a donné toutes ses instructions, les lignes s'élancent en colonnes précédées de tirailleurs et de batteries ; parvenues à la distance où les feux de l'artillerie deviennent meurtriers, la première ligne s'arrête et opère son déploiement ; la deuxième ligne s'arrête également et reste en colonne ou se déploie à une distance variable suivant les localités. Le maximum de cette distance ne dépasse guère 300 mètres. Enfin la réserve suit en colonne à 1,000 ou 1,200 mètres en arrière de la deuxième ligne ; les deux premières lignes s'avancent alors jusqu'à la portée de fusil et le combat s'engage ; tantôt on ne déploie qu'une partie de la première ligne, la proximité de l'artillerie ou de la cavalerie ennemie en dicte les dispositions.

Pendant ce temps la cavalerie charge toutes les fois qu'il y a chances de succès, et, suivie de son artillerie à cheval, elle inquiète l'ennemi sur tous les points et menace les flancs. Cependant le général en chef interrogeant toutes les phases du combat, juge du moment où il devra attaquer le point décisif ; c'est alors que son génie se révèle ; les troupes lui obéissent, et c'est le moment où la victoire va se décider. Dans cet instant le rôle de la réserve devient immense ; le général la lance sur l'ennemi, si l'effort des lignes déjà fatiguées ne réussit pas ; mais il en garde l'élite près de lui, car les chances du combat sont imprévues, et il doit toujours être prémuni contre un retour offensif de l'ennemi. Le grand talent du général est de n'engager la réserve que le plus tard possible, et de forcer au contraire l'ennemi à porter la sienne en ligne dès le commencement de l'action. Lorsque le succès est à peu près certain, ou qu'au contraire la retraite devient nécessaire, il faut exécuter des manœuvres pour compléter la victoire ou effectuer sa retraite; ces manœuvres sont en général désorganisées. En ce moment la cavalerie inonde le champ de bataille. Si on est victorieux elle s'élance sur les lignes d'infanterie pour leur couper la retraite; rencontre-t-elle des masses d'infanterie formées en carrés pour l'arrêter, elle les tourne et va sur leurs derrières pour les couper, car elles ne tarderont pas à être attaquées par les troupes victorieuses. Si au contraire on est forcé soi-même d'opérer sa retraite, ce sera la cavalerie qui la favorisera en arrêtant l'ennemi, et par ses charges successives et furieuses en donnant à l'armée battue le temps de faire filer ses troupes et ses bagages.

Les batailles défensives sont de deux sortes : 1° elles peuvent être défensives absolues ; 2° ou bien défensives offensives.

Dans le premier cas on se borne à garder et à défendre la position qu'on occupe. Un général ne livrera donc une pareille bataille que lorsqu'il commandera des troupes très-inférieures en nombre et en qualité; qu'il occupera d'ailleurs une forte position et qu'il ne se sentira pas assez de génie pour lutter avec son adversaire. Cependant une armée devra se tenir sur la défensive lorsqu'elle sera le pivot d'un mouvement stratégique auquel elle se liera immédiatement. Ainsi la bataille de Craonne de la part des alliés était défensive absolue, car cette position était le pivot d'un rabattement effectué par Blucker sur les lignes françaises. Ces sortes de batailles sont plus faciles à livrer que les batailles offensives, car l'on combat dans une position qu'on a choisie, que l'on a fortifiée, et, de plus, il n'y a pas d'ordre de bataille à établir ni de point d'attaque à déterminer ; aussi sont-elles en général les ressources des généraux médiocres ; tous les mouvements consistent à suivre ceux d'attaque et à y porter ses troupes.

2° Les batailles offensives défensives sont plus belles, elles consistent à recevoir le choc et à profiter du désordre qui se met toujours chez l'ennemi à la suite d'une attaque, pour prendre à son tour l'offensive. Le général qui livre ces batailles doit posséder une grande capacité, car il faut qu'il connaisse bien sa position, qu'il détermine le point qu'il attaquera quand il prendra l'offensive, et, ce qui est plus difficile encore, il devra prévoir l'instant où il devra passer de la défensive à l'offensive, et engager alors les troupes avec mesure et promptitude.

L'offensive présente les avantages suivants : c'est que l'on peut choisir d'avance le point d'attaque et attaquer avec les parties de sa ligne que l'on voudra. En résumé, la bataille sera plus avantageuse : 1° étant offensive toutes les fois que le terrain sera peu accidenté et qu'on aura de bonnes troupes ; 2° défensive offensive, quand le terrain sera accidenté, et avec de bonnes troupes ; 3° étant défensive absolue, quand on aura de mauvaises troupes.

Il arrive fréquemment à la guerre qu'on ait à se livrer des batailles de rencontre, car les lignes d'opération d'une armée sont souvent celles de l'ennemi. Il peut se présenter deux cas : l'avant-garde va se heurter contre l'ennemi, alors ou bien on l'appuie de tout le corps d'armée, ou bien on la retire du combat. Les chances plus ou moins grandes qu'on aura de vaincre, détermineront le général à se replier ou à pousser en avant. Dans le deuxième cas il envoie donner avis aux chefs des différentes colonnes de se rapprocher de lui ; mais en général ces batailles ne sont que des combats qui se prolongent souvent plusieurs jours.

La bataille de Lafère-Champenoise est un exemple remarquable de bataille de rencontre.

On peut admettre que la bataille est gagnée quand une des deux armées s'est emparée des points principaux de la position de l'autre. Ordinairement, de la part de l'armée battue, il y a réaction, efforts qu'elle fait pour reprendre ses positions ; si elle échoue, elle est alors forcée d'opérer sa retraite, et l'armée victorieuse commence sa poursuite.

Sur le champ de bataille même, l'armée victorieuse exécute certains mouvements préparatoires pour la poursuite. C'est ainsi qu'à Austerlitz, le corps de Soult, en opérant son rabattement, commença à faire reculer l'ennemi et à l'éloigner du reste de ses troupes. En général, la poursuite de l'armée battue s'effectuera par l'avant-garde de l'armée victorieuse, que l'on aura renforcée et formée des trois armes. La poursuite offre moins de difficultés que toute autre espèce de marches, car l'avant-garde n'a qu'à chasser devant elle une armée démoralisée dont les cadres sont affaiblis, et embarrassée qu'elle est par les équipages et les parcs qu'elle cherche à dérober aux vainqueurs.

La poursuite n'en joue pas moins un rôle immense, car c'est elle seule qui apporte les fruits de la victoire. Dans la bataille, les pertes ont été à peu près égales; en poursuivant l'ennemi on le force à abandonner ses malades, ses blessés, et à augmenter encore la confusion qui existe déjà dans ses corps. Voyons comment on effectuera la poursuite. Si l'avant-garde se bornait à chasser devant elle l'ennemi battu, elle serait équilibrée par l'arrière-garde de l'armée poursuivie, qui lui tiendrait tête dans toutes les positions qu'elle occuperait et couvrirait la retraite. Il faut donc prévenir l'ennemi sur un point de sa ligne de retraite. Cela sera facile lorsque, comme à Vauchamps, on pourra disposer d'une masse de cavalerie assez forte pour la porter en avant et lui faire déborder l'ennemi. Le même résultat sera encore obtenu lorsque, par suite des opérations ultérieures, l'armée battue sera obligée de parcourir des lignes de retraite telles que l'armée victorieuse puisse arriver avant elle sur quelques points de ces lignes. C'est ce qui eut lieu à Iéna où l'ennemi, après avoir été empêché par Davoust de se porter dans la direction de Auerstedt, dut opérer sa retraite sur des lignes très-divergentes. Dans ces deux circonstances, on obtiendra des résultats immenses, mais il faudra exécuter son mouvement combiné pendant que l'avant-garde suivra l'ennemi; un corps détaché sur les flancs de la direction ira occuper les points de la ligne de retraite; ce détachement doit avoir beaucoup de célérité, ne traîner à sa suite que le moins possible de voitures, et il sera alors impossible à l'arrière-garde ennemie de tenir dans une position quelconque, tournée qu'elle sera par ce corps détaché.

Si cette colonne était conduite avec trop d'audace, elle pourrait être écrasée, et alors les avantages de l'armée poursuivante seront contrebalancés. C'est ce qui arriva après la bataille de Dresde. Napoléon détacha sur les flancs le corps de Vandame, pour couper la ligne de retraite de l'ennemi qui pénétrait en Bohême. Il ne put presser activement les derrières des alliés, et ceux-ci se rabattant sur Vandame, l'écrasèrent, et tous les fruits de la victoire furent perdus pour l'Empereur.

Il ne faut pas de témérité dans la poursuite, mais il faut beaucoup de tenacité. Lorsque le détachement envoyé sur le flanc aura devancé l'ennemi sur un point de la ligne de retraite, il reste à voir s'il l'attaquera de front en se mettant à cheval sur cette ligne, ou s'il le laissera filer devant lui pour attaquer le flanc et la queue de la colonne ; les circonstances en décideront. Si le détachement est fort, il devra fermer le passage, et alors la ruine de l'ennemi sera complète, mais s'il n'est pas assez fort pour n'avoir pas à craindre d'être écrasé, il devra se contenter du second parti qui lui présentera plus de sécurité, mais moins de résultat. En 1813, l'armée austro-bavaroise, qui voulut fermer la retraite à l'armée française battue à Leipsick, fut écrasée à Hanau.

Lorsqu'après la bataille de Craonne, l'armée russe commença à battre en retraite, Napoléon plaça sous les ordres du général Bélard toute la cavalerie qui avait attaqué le flanc droit. Ce général dut, en se prolongeant sur le plateau, culbuter une portion de l'armée russe dans la Lech. La division Charpentier, assistée de douze batteries de la garde, suivait l'ennemi sur ses derrières. Enfin, Ney, avec les débris de son corps, longeait le plateau pour recevoir les corps que la cavalerie aurait forcés à descendre dans la vallée.

Les résultats qu'il attendait de cette disposition furent obtenus, car Ney ramassa plusieurs corps russes qui furent contraints de se jeter du côté de la Lech.

Par cela même que l'armée victorieuse poursuit l'armée battue, celle-ci doit effectuer une retraite. La retraite est toujours d'une exécution difficile, car les troupes qui la font sont toujours démoralisées, privées de leurs meilleurs soldats et d'une partie de leurs officiers.

Lorsque le moment de la commencer sera venu, le général exécutera des mouvements préparatoires qui devront la faciliter; le choix du moment est très-délicat, car si on attend trop tard, les troupes engagées se trouveront trop pressées, et il sera très-difficile de les dégager. Si le signal est donné trop tôt, au contraire, on perd les avantages que l'on pourrait recueillir de sa tenacité, car souvent sur le champ de bataille, l'avantage demeure à celui qui d'abord avait la chance contre lui. Ainsi, à Craonne, les Russes ne battirent pas en retraite lorsque la cavalerie française déboucha sur les plateaux et attaqua leur aile droite, parce que la position était encore bonne par la possession du village d'Ailles qui tenait toujours; mais Warouzoff donna le signal de la retraite, lorsque ce village fut enlevé et que la division Charpentier et les lanciers se montrèrent sur le plateau.

A la Rothière, où l'Empereur, avec 40,000 hommes, livra bataille aux alliés qui étaient plus du double, il occupait avant la bataille les villages de Dieus, de la Rothière, de Chaumesnil et de Morvilliers; pendant l'action, Morvilliers et la Rothière furent enlevés, l'Empereur continua à tenir bon; mais lorsque le village sur lequel s'appuyait le centre de l'armée fut enlevé, ce fut alors qu'il donna l'ordre de la retraite.

Lorsque le général aura donné l'ordre de la retraite, il enverra des détachements pour couvrir les débouchés des routes et il organisera l'arrière-garde. Sa disposition variera suivant les circonstances, elle sera prise parmi les troupes qui auront le moins souffert; la réserve prendra, à la tête de la ligne de retraite, une disposition défensive qui lui permettra d'arrêter l'ennemi et de favoriser le mouvement rétrograde des troupes engagées.

Cette disposition variera essentiellement d'après la nature du pays. Comme exemple, on peut donner la formation d'une réserve de quatre régiments d'infanterie, six de cavalerie et quatre batteries. Les trois premiers régiments se formeront en carrés longs d'un régiment et par échelons; le premier, présentant le petit côté à l'ennemi, devra être, autant que possible, protégé par un obstacle inerte. Le 4e régiment en colonne double sera à la naissance de la ligne de retraite. La cavalerie doit agir fréquemment et charger continuellement; quatre de ces régiments seront alors placés en échelons et couvriront les flancs; ils seront déployés. Les deux autres formeront une partie de la réserve et seront en colonnes par escadron sur les flancs du 4e régiment d'infanterie. Des quatre batteries, une sera à la réserve, les trois autres seront réparties sur les flancs et dans les intervalles des régiments. Elles prennent, autant que possible, les dispositions les plus favorables pour arrêter l'ennemi. Les détachements envoyés pour occuper les débouchés de la ligne de retraite seront pris parmi ceux qui auront été le moins engagés.

Reste à procéder au mouvement de retraite sur la protection de la réserve ainsi disposée; les troupes engagées se retireront au moyen de passage de ligne; cette manœuvre sera exécutée par des retours offensifs ; quoique plus longue elle est plus avantageuse : la cavalerie se prolongeant sur le front des lignes, inquiètera et retardera l'ennemi par des charges réitérées ; c'est alors qu'on aura droit d'en attendre le plus grand dévouement, car c'est par ses efforts et ceux de la réserve, que sera assuré le salut de l'armée battue. C'est dans des opérations aussi délicates que l'on sent la nécessité d'un bon état-major, pour transmettre promptement les ordres et indiquer les directions avec sagacité. Les Autrichiens excèlent dans les retraites, à cause du dévouement absolu de leur cavalerie. Dans la retraite, c'est l'arrière-garde qui joue le rôle principal : sa force variera de 1/5 à 1/4 du reste de l'armée ; elle sera composée des trois armes pour subvenir à tous les terrains ; la disposition en sera analogue à celle de l'avant-garde ; ses efforts tendront à arrêter l'ennemi le plus longtemps possible ; pour être à même de soutenir l'arrière-garde, la cavalerie de réserve marchera à la queue du corps principal. Une des opérations préliminaires et de la plus haute importance, est de faire filer en avant les blessés, les parcs et les équipages.

La distance de l'arrière-garde au corps principal ne sera pas la même que celle de l'avant-garde, elle ne dépassera pas une demi-journée de marche. Les troupes qui la formeront seront disposées face à l'ennemi pour éviter les contre-marches et les mouvements par inversion. On fera demi-tour quand on voudra continuer le mouvement de retraite, et on marchera alors par le troisième rang. Le rôle de l'arrière-garde étant de retarder et de contenir l'ennemi, elle profitera de toutes les positions favorables qu'elle pourra rencontrer, et tiendra à outrance quand il y aura encombrement. Dans la marche de l'armée en retraite, s'il y a des défilés à passer, elle se placera suivant la nature des lieux à la tête ou à la queue du défilé pour résister.

Il faut voir si l'armée qui bat en retraite marchera sur une ou plusieurs colonnes, et quelle sera la direction unique qu'on doit imprimer à la retraite.

Si la retraite s'effectue parallèlement à la ligne de bataille, c'est-à-dire que l'armée prenne des positions successives et parallèles à la première, elle sera dite perpendiculaire ; ce mode de retraite fut employé par Turenne et les généraux dans les premiers temps de la République.

La retraite est dite parallèle, lorsque l'armée se dirige en se prolongeant parallèlement à la frontière qu'elle doit couvrir.

Étudions les avantages de ce dernier système. L'ennemi se dirigera dans la même direction que l'armée battue, ou suivra l'ancienne ligne d'opérations abandonnée. Dans le premier cas, on l'éloigne de l'objectif sur lequel il avait intérêt à se diriger, et on l'oblige à faire un circuit pour s'y rendre. Si, au contraire, il suit l'ancienne ligne d'opérations, il prêtera le flanc à l'armée vaincue, et rendra alors sa position dangereuse; aussi ces retraites parallèles ont-elles été employées avec succès sous l'Empire par les meilleurs généraux; mais elles ne sont applicables qu'autant que l'armée battue sera chez elle ou en pays ami, car elle quitte ainsi ses magasins, ses ressources, qu'elle ne remplacera que difficilement; de plus, il ne faudra pas d'obstacles inertes entre elle et l'ancienne ligne d'opérations, sans quoi l'ennemi n'aurait rien à craindre pour son flanc en suivant cette ligne.

Le général Bulow avait émis en théorie le principe qu'une armée battue devait opérer la retraite dans des directions divergentes. Par là, disait-il, on avait deux avantages : on couvrait de grandes étendues de terrain, et quelques-uns des corps de cette armée pouvaient agir sur les flancs de l'armée victorieuse qui serait engagée entre eux. Mais si on considère la confusion et la désorganisation d'une armée battue, on verra facilement l'absurdité de ce système, car le seul remède est la concentration des débris. Ce mode de retraite, suivi par les Prussiens après Iéna, causa la destruction presqu'entière de leur armée

L'encombrement qui résulterait dans une retraite effectuée par une seule route, en fait admettre plusieurs; toutefois il faut qu'après avoir été sensiblement parallèles, elles viennent converger au point principal. La condition la plus favorable sera lorsqu'on pourra suivre deux routes qui, à une certaine distance, se joindront par une route transversale couverte par un obstacle naturel. C'est la manœuvre après la bataille de Wagram. Deux routes, celle de Moravie et celle de Bohême, se joignaient en arrière de la Thaya par un chemin transversal ; l'archiduc opéra sa retraite par ces deux routes, tenant ainsi dans l'incertitude l'armée française, qui ne savait sur laquelle des deux routes devait s'opérer la poursuite. Arrivé derrière la Thaya, il s'arrêta et prit une position aussi menaçante que s'il n'eût pas été battu à Wagram.

7

Le mouvement de crise le plus à craindre se présente lorsque l'armée battue a une rivière à passer ; alors de toute nécessité, l'arrière-garde doit défendre à outrance le point du passage. Pendant ce temps, les différentes colonnes passent le pont d'après le principe du passage d'un défilé en retraite, c'est-à-dire que s'il se trouve derrière l'aile gauche, c'est l'aile droite qui commence le mouvement ; s'il est en arrière du centre, le passage s'effectuera à la fois par les deux ailes. Lorsque l'armée est passée, elle se range en bataille sur le rivage opposé. Si le point qu'il faut défendre à outrance est une tête de pont, la défense sera dans les conditions les plus avantageuses ; mais ce cas est rare. Ordinairement c'est un village qui couvre le mouvement. Observons que l'ennemi a suivi, son artillerie plonge dans les colonnes, et cependant il faut que l'arrière-garde reste exposée à son feu pour pouvoir détruire le pont. C'est alors que le talent du général peut éviter de grandes pertes. Après la bataille de la Rothière, le duc de Raguse tint quarante-huit heures à Rosnay avec deux divisions de conscrits qui avaient déjà souffert, parce qu'au lieu de les placer sur le bord de la rivière, il les disposa sur un mouvement du terrain qui les dérobait au feu, et lorsque les têtes de colonnes de l'ennemi tentaient de déboucher sur le pont, elles étaient écrasées par le feu des deux divisions, qui tinrent jusqu'au moment où le pont fût détruit. Dans de pareils cas, le général ne doit pas hésiter à sacrifier quelques troupes pour assurer le salut de l'armée.

CHAPITRE X.

Cas particuliers des batailles. — De l'occupation des villages, — leur forme, — leur nature, — leurs abords. — Défense des villages. — De l'attaque d'un village. — Les bois, — leur défense, — leur attaque. — Attaque et défense d'une hauteur, d'une redoute, d'un retranchement. — Défilé. — Attaque et défense d'un défilé, — en avant, en arrière. — Passage des rivières. — Reconnaissance d'un gué.

Par cas particuliers des batailles, on entend l'attaque et la défense des obstacles actifs. Ces obstacles sont les villages, les bois, les hauteurs et les retranchements. Il y a, dans chacun de ces cas, des méthodes particulières. Ce que nous allons en dire maintenant ne concerne que l'occupation de ces points sur une grande échelle.

C'est en occupant les villages que l'on parvient en général à réduire les batailles en affaires de postes. On occupe les villages : 1° toutes les fois qu'ils peuvent servir d'appui à une ligne de bataille ; 2° quand ils couvrent le front de la position ; 3° quand ils couvrent les débouchés par lesquels arrive l'ennemi. Dans ce dernier cas, leur occupation n'a lieu que temporairement pour retarder son arrivée. Quelle que soit l'importance des villages, ils ne pourront être occupés d'une manière utile qu'autant qu'ils pourront être flanqués par le corps principal, et qu'ils permettront entre eux les dispositions des troupes.

La bonté de ces obstacles dépend de leur forme, de leurs natures et de la disposition des abords.

1° De leur forme : Car en effet on conçoit qu'un village circulaire ou concentré sera d'une défense plus facile qu'un autre d'une autre forme. Cependant, remarquons que les villages dont la forme présente des lignes de défense successives, seront défendus avantageusement. Ainsi, à la bataille d'Esling, le village d'Aspern, qui fut défendu avec succès, avait la forme que nous venons de détailler.

2° De leur nature : En effet, les villages peuvent être en briques, en pierres, en bois ou en torchis. Les villages en briques sont les meilleurs, car le boulet y fait seulement un trou, et les défenseurs n'ont pas à craindre les éclats de pierres, qui pourraient leur causer de grandes pertes, inconvénients que présentent au contraire les villages en pierres ; ceux en bois peuvent être facilement incendiés par les bombes ; ceux en torchis n'offrent aucune résistance et ne peuvent servir qu'à masquer les troupes.

3° De leurs abords : Ainsi, les clôtures, les haies, si elles sont parallèles à la ligne de défense, présentent des avantages, car elles offrent des lignes de défense successives. Si, au contraire, elles lui sont perpendiculaires, elles seront nuisibles, car elles couvriront les approches du village. Dans ce dernier cas, elles devront être détruites. Dans certains pays, les haies fournissent de bons retranchements. Ainsi, en Bretagne, elles présentent un fossé de 1 mètre, et, sur l'autre bord, est plantée une haie assez fournie.

Elles sont encore plus avantageuses dans le Brabant ; il y a un second fossé de même dimension, les terres du déblai sont placées entre les deux fossés, et sur le déblai est plantée la haie.

Pour mettre un village en état de défense, il y a des opérations préliminaires qui appartiennent particulièrement à la fortification. Il faut fortifier les points d'attaque (ce sont les saillants); on y place ordinairement des redans; du côté de l'ennemi, à l'extrémité des rues, on établit des barricades. Il faut se ménager des communications faciles dans l'enceinte à défendre. On choisit dans le village un bâtiment plus fort que les autres pour servir de citadelle et appelé réduit, et qui doit contenir les munitions et servir d'ambulance. Ce réduit ne devra pas être situé sur la ligne de retraite des défenseurs, mais un peu sur le flanc, afin que, quand les assaillants entreront par cette route, ils se trouvent prêter leurs flancs aux feux du réduit. Il faut créneler les maisons; on pourra placer des matelas aux fenêtres pour couvrir les défenseurs.

La défense d'un village présente trois parties distinctes : la défense des abords, de l'enceinte et du réduit.

Pour la défense des abords, on ne se sert que d'infanterie disposée en tirailleurs assez rapprochés les uns des autres pour fournir cependant un feu actif. Pour la défense de l'enceinte, on placera des pelotons d'infanterie en arrière des barricades formant les débouchés des principales rues; des tirailleurs seront placés dans les maisons et tireront par les fenêtres. On pourra fournir des flanquements sur les points d'attaque en occupant quelques bâtiments extérieurs.

L'infanterie occupera le réduit et le défendra par feux. Il sera disposé pour la défense des abords un tiers d'infanterie, pour celle de l'enceinte un tiers, pour celle du réduit un tiers.

L'artillerie peut être utile dans la défense des villages. Cependant on ne devra pas l'employer en première ligne, car il serait à craindre qu'elle tombât au pouvoir de l'ennemi. On placera avec avantage deux pièces près du réduit.

Quelques généraux ont conseillé de disposer un peloton de cavalerie en arrière de la principale ligne de communication, afin de refouler l'ennemi par une charge lorsqu'il viendrait à y déboucher. Toute défense n'est bonne qu'autant qu'elle est parfaitement soutenue par un dispositif de troupes en arrière. Le nombre des troupes placées en arrière dépendra de l'importance du point à défendre. L'artillerie sera placée sur les flancs, en avant, et fournira des feux d'écharpe. L'infanterie sera en arrière du village par lequel elle sera couverte, et se prolongera par les ailes de manière à couvrir l'artillerie. La cavalerie sera en arrière.

A la bataille d'Essling, le village d'Aspern était défendu par 12 bataillons.

Le village d'Ailles, à la bataille de Craonne, était occupé par les Russes. Voici les dispositions qu'ils adoptèrent.

Ce village étant en torchis, on ne pouvait pas occuper les maisons, mais bien seulement les abords; il est adossé à une pente rapide; des tirailleurs russes défendaient les clôtures en avant; en arrière, à la naissance de la pente, était un cordon de tirailleurs, flanqué à droite et à gauche par de la cavalerie; l'artillerie placée sur les hauteurs donnait des feux en avant des clôtures.

A la bataille de Leipsig, en 1813, la ligne française formait un saillant dont le sommet était le village de Procéïda. Or, tout saillant étant un point d'attaque, il y avait nécessité d'occuper fortement ce village. Il présente une forme allongée. Il y fut placé quatre compagnies de la garde, elles n'occupaient que la tête du village ; mais ce qui complétait la défense, c'est qu'en arrière et sur les flancs étaient disposées deux batteries d'artillerie formées de 100 pièces, et derrière une autre batterie et toute la division du général Drouot.

En principe, il est établi qu'une attaque de village, étant toujours très-meurtrière, on s'efforcera avant de l'attaquer, soit de le tourner, soit d'y mettre le feu. Les trois armes serviront à l'attaque.

Un village doit être attaqué par tous les points faibles à la fois, et simultanément, pour que les défenseurs ne puissent pas accumuler sur un seul point toutes leurs ressources. Pour l'attaque, on disposera les troupes dans les rapports suivants : 1/6 de l'infanterie en tirailleurs, et fournissant aussi des travailleurs pour détruire les obstacles ; les troupes de soutien de ces tirailleurs, dans le rapport de 3/6, et la réserve dans celui de 2/6.

L'artillerie doit être proportionnée à celle que possède l'ennemi, afin de la contrebalancer et de faire taire ses batteries. Ainsi à Procéïda les ennemis avaient à l'attaque de ce village 180 pièces. Une fois que les feux de l'artillerie sont éteints, on se présente en colonnes peu profondes. Si l'on prévoit qu'en arrivant dans le village on doive se diviser, on formera un plus grand nombre de colonnes, de manière à ce qu'elles soient moins profondes encore.

L'attaque des abords est facile, puis vient l'attaque des barricades ; il ne faut pas les aborder de front, mais les tourner, en occupant les maisons d'alentour ; on en chasse les défenseurs par des feux plus nombreux sur les fenêtres ou les ouvertures où ils se présentent ; une fois dans l'enceinte, on n'attaquera pas de suite le réduit ; le but doit être de couper la ligne de retraite.

Les bois ont moins d'importance que les villages, car il y a impossibilité pour celui qui commande de coordonner la défense. L'avantage restera à la troupe qui saura se montrer en plus grand nombre sur les différents points d'attaque.

Quand on a à attaquer un bois ou à le défendre, on fait d'abord une reconnaissance pour établir sa forme, sa nature, les lignes de communication. Cette reconnaissance est facile à faire pour les défenseurs qui occupent les lieux. Quant aux assaillants, ils ne devront se rapporter qu'à des probabilités. Ils consulteront les habitants, les cartes topographiques; d'après la nature des arbres, ils pourront juger si le bois est plus ou moins fourré. Si le bois est formé de jeunes sapins, il sera probable qu'on ne pourra engager que des tirailleurs ; si, au contraire, il est formé de vieux sapins, il sera peu fourré, et on pourra agir par petits pelotons.

Admettons que la défense doive avoir lieu avec les trois armes, et voyons le dispositif le plus favorable à donner aux troupes. Il y aura un premier cordon de tirailleurs le long du périmètre du bois, assez rapprochés les uns des autres et embusqués derrière les gros arbres ou même dans le fossé qui entoure le bois. A une distance assez rapprochée on placera un deuxième cordon de tirailleurs. La réserve sera organisée sur un point central du bois. Si dans l'intérieur du bois il y a quelques clairières, on y placera quelques pelotons en réserve.

Quant à l'artillerie, il serait bon d'en mettre aux saillants et aux rentrants du bois; mais cela est fort difficile, l'artillerie étant peu maniable, elle ne pourra être placée qu'au débouché des chemins.

La cavalerie se placera en arrière des grandes lignes de communication du bois, afin de refouler par des charges les colonnes ennemies qui voudraient déboucher. S'il y a des rentrants qui puissent la dissimuler, on y placera des pelotons qui chargeront les derrières de l'ennemi au moment où il pénétrerait dans le bois.

Pour l'attaque d'un bois il faudra donner le dispositif convenable à ses troupes, hors de l'atteinte des feux des tirailleurs ennemis embusqués sur le contour du bois. On déterminera le point d'attaque, qui sera de préférence un saillant et celui qui donnera aux troupes qui attaqueront la possibilité d'être soutenues davantage. Les directions d'attaque sont incertaines, elles devront cependant converger sur la ligne de retraite de l'ennemi. Quant au dispositif à donner aux troupes, il variera suivant la nature du bois; s'il est fourré, on attaquera avec des tirailleurs, et dans le cas contraire, la première ligne sera formée de tirailleurs, la deuxième ligne de petites colonnes par section.

La cavalerie n'a pas de rôle essentiel ; elle se prolongera sur les flancs et couvrira le mouvement.

Quant à l'artillerie, elle pourra jeter quelques bombes pour incendier bois, ce qui du reste est bien difficile et presque toujours sans ésultat.

Les hauteurs peuvent être des obstacles actifs ou inertes, suivant la rapidité de leurs pentes. Une position doit être étudiée d'avance par une projection horizontale et au moyen de profils.

Toute hauteur présente un plateau, un talus, un thalweg. Voyons sur laquelle de ces parties devront être établies les troupes ; si elles étaient placées au pied du talus, elles n'auraient aucun commandement sur la campagne et la retraite serait difficile.

Si elles étaient placées derrière la ligne de faîte, elles seraient bien couvertes, mais l'ennemi arriverait facilement sur le plateau, et alors les deux troupes se verraient placées dans les mêmes conditions, l'une par rapport à l'autre.

On placera donc les deux troupes sur le plateau, et on les rapprochera d'autant plus de l'extrémité du plateau que celui-ci sera plus rapide.

Aussitôt que l'ennemi se présentera sur le talus, les défenseurs feront, presque à bout portant, une décharge, puis aussitôt, une charge à la baïonnette.

Si l'on a une deuxième ligne, celle-ci sera derrière la ligne de faîte ainsi que la réserve, qui, étant à l'abri des feux, pourra être à une petite distance.

L'artillerie sera placée de manière à fournir des flanquements en avant du plateau. La cavalerie ne sera bonne qu'autant qu'il y aura des vallées où elle sera embusquée pour venir ensuite couper la retraite à l'ennemi repoussé au pied du talus.

L'attaque se fera en tirailleurs, en grande bande, appuyés en deuxième ligne par des colonnes peu profondes. Il faudra marcher le plus vite possible ; avant d'atteindre le plateau, on fera faire aux troupes une halte, afin qu'elles aient le temps de se raccorder. On peut faire usage du stratagème suivant, qui fut employé avec succès dans nos guerres d'Afrique. Lorsque l'on est près de déboucher en vue des défenseurs, chaque soldat place son schako au bout de sa baïonnette pour faire croire à l'ennemi qu'il va déboucher et provoquer la décharge générale, c'est alors que les assaillants déboucheront.

Dans les batailles modernes on fait peu d'usage des retranchements. Cependant à la bataille de la Moskowa, les Russes avaient couvert leur position par de grandes lunettes qui n'étaient pas fermées à leur gorge.

Pour attaquer une redoute il faut distinguer plusieurs cas. Si la redoute est armée de canons ou si elle n'en a pas. Dans ce dernier cas, on attaque avec des tirailleurs qui viennent se glisser dans le fossé ; quelques-uns sont armés d'outils pour couper les palissades, et à un signal donné les tirailleurs se réuniront sur la berne. L'attaque sur le talus extérieur sera simultanée. Sur la contre-escarpe sont placés des tirailleurs qui fusillent les défenseurs. Si l'ouvrage n'est pas bien défilé, on occupera les hauteurs dominantes.

Si la redoute possède de l'artillerie, il faudra d'abord éteindre le feu des défenseurs, ce qui n'est pas difficile, puisque l'on peut toujours réunir sur un même point plus de pièces que son adversaire.

Pour défendre une redoute, comme mesure préparatoire, il est bon de donner du cœur aux hommes par quelques paroles ; on place à portée de la banquette des obus et autres projectiles ; pour couvrir davantage les défenseurs, on peut pratiquer des créneaux au parapet ; on peut aussi disposer les sacs des hommes de façon à présenter des espèces de créneaux ; on ne place d'abord que quelques tirailleurs. Ordinairement on fait retirer l'artillerie. Lorsque l'assaillant croyant les feux éteints, commence l'attaque, alors seulement on met les pièces en batterie et on tire à mitraille. Quand l'ennemi est dans le fossé, on l'écrase au moyen de pierres et de projectiles de toutes sortes ; quand il a mis le pied sur la berne, on fait prendre aussitôt l'offensive aux défenseurs, ils montent eux-mêmes sur le parapet et culbutent les assaillants.

Un défilé est une portion de terrain qui ne peut être franchie que sur un front limité.

Puisque le terrain est limité, il y a donc possibilité de prendre une position telle qu'on puisse, avec un nombre inférieur de troupes, être le plus fort en un point.

On distingue deux cas dans les défilés, ou les flancs sont inaccessibles, ou sont accessibles. Dans le premier cas se trouvent les digues, les ponts, les quais, les défilés dans les chaînes de montagnes, formés par des chemins en corniche.

On peut défendre un défilé en se plaçant en avant dans l'intérieur, ou en arrière. On se place en avant quand on veut en interdire la possession à l'ennemi. Ainsi quand on exécute des mouvements préparatoires d'une retraite et que la ligne de retraite passe par ce défilé. Pour assurer la retraite d'une armée par un pont, il faut le couvrir en avant.

L'occupation en avant, d'un défilé, est une opération très-dangereuse. L'ordre de bataille ne doit pas être trop rapproché du défilé, afin que les troupes qui le défendent ne puissent pas y être acculées immédiatement et que l'armée puisse opérer sa retraite. Le dispositif doit être tel qu'il couvre le mieux possible le défilé; on adoptera une formation circulaire; cette courbe sera convexe du côté de l'ennemi.

La première ligne sera composée d'infanterie et d'artillerie, la deuxième ligne pourra l'être d'infanterie et de cavalerie, celle-ci sur les flancs, et autant que possible appuyée aux flancs se rattachant au défilé, afin de repousser les mouvements trop énergiques de l'ennemi. Quand on se retire on resserre peu à peu son ordre de bataille, en décrivant des courbes d'autant plus petites qu'on se rapproche davantage du défilé.

Pour occuper un défilé à l'intérieur, observons d'abord que puisque le front des colonnes est limité et égal de part et d'autre, il y aura égalité en force numérique La succession d'efforts ne sera pas possible, tout tiendra donc à la bonté des têtes de colonnes. On pourra construire, pour augmenter la résistance, quelques ouvrages entre soi et l'ennemi. Si le défilé n'est pas en ligne droite, on peut établir des réserves dans les tournants. Les défilés sont rarement défendus à l'intérieur, cela n'a lieu que dans les défilés d'une longueur de 4 à 5 lieues, ainsi qu'il s'en rencontre dans les Alpes.

La bonne défense d'un défilé se fera donc en arrière; le dispositif sera une courbe dont les feux convergeront sur le débouché. L'artillerie doit être placée de manière à prendre d'enfilade le défilé; elle sera soutenue par de l'infanterie occupant en masse le centre de la courbe; aux extrémités sera la cavalerie, dont le rôle est de repousser par des charges l'ennemi qui viendrait à déboucher. On peut, pour accumuler encore les obstacles, faire occuper le débouché même par un dispositif de tirailleurs. Comme exemple de défense d'un défilé, on peut citer la défense de Turenne à Bléneau

Une digne ne se défendra à l'intérieur qu'autant qu'elle sera d'une grande longueur et qu'elle présentera une ligne brisée. On fait des tranchées cachées autant que possible à l'ennemi.

Pour les chemins en corniche, toute la défense consiste à rendre les pentes impraticables au moyen des travaux d'art.

Les défilés à flancs accessibles peuvent être défendus en avant, à l'intérieur ou en arrière. Il est évident qu'une défense en avant serait vicieuse, car l'ennemi, pouvant s'engager sur les flancs du défilé, viendrait tomber sur ceux de la colonne et la couperait en deux ; ce ne serait plus alors qu'un véritable coupe-gorge. Nous en avons un exemple dans la bataille d'Austerlitz. Une colonne de l'aile gauche russe, lors de la retraite de l'armée de Kutusoff, s'aventura, en se reportant sur Austerlitz, dans un défilé à flancs accessibles qui existe entre les étangs de Ménitz et de Tellnitz et qui se prolonge jusqu'au Pratzen. Les divisions Vandamme et Soult vinrent tomber sur ses flancs et la coupèrent. Elle fut taillée en pièces et il n'échappa que ceux qui s'aventurèrent sur la glace.

La défense à l'intérieur ne pourra de même n'avoir lieu qu'en arrière des communications par lesquelles l'assaillant pourrait arriver sur les flancs ou en arrière des colonnes.

La défense la plus ordinaire est en arrière. Le dispositif est le même que celui pour la défense des défilés à flancs inaccessibles.

Dans le cas de l'attaque d'un défilé défendu en avant, le dispositif est facile, car on peut agir avec toutes ses troupes. L'ordre de bataille sera enveloppant avec des feux concentriques. La meilleure direction à donner aux colonnes d'attaque aura pour but de prévenir l'ennemi à la tête du défilé.

Dans l'intérieur, il y a égalité numérique. La manière ordinaire d'attaque est de balayer les troupes ennemies en avant de la barricade, au moyen de feux courbes, ainsi des obuses. C'est après cela qu'on commence l'attaque. On aura soin de ne pas accumuler les troupes en colonnes profondes. Entre chaque bataillon, il faut laisser une certaine distance. Si le premier bataillon est repoussé, il se retirera par les pentes, afin de ne pas mettre le désordre dans le bataillon suivant. L'infanterie convient plus spécialement à ce genre d'attaque. Cependant, en Espagne, au combat de Sommo-Sierra, on fit attaquer un défilé par des lanciers polonais disposés par quatre, l'infanterie se prolongeant sur les flancs, appuyait le mouvement.

Si le défilé est défendu en arrière, cette opération est délicate, car, à mesure que l'assaillant débouche, il est en nombre inférieur à la sortie du défilé sur laquelle les feux des défenseurs convergent ; les troupes doivent s'appuyer fortement sur les flancs et gagner du terrain à droite et à gauche à mesure qu'elles débouchent. La cavalerie n'arrivera qu'une fois qu'on aura déjà établi une certaine quantité de troupes en avant.

Nous avons vu ce problème difficile résolu à Sitzeim, avec de l'infanterie et de la cavalerie ; à Craonne, avec de la cavalerie seulement; à Hanau, le mouvement fut appuyé par de l'artillerie.

Dans l'attaque d'une vallée, il faut faire couronner les hauteurs par des tirailleurs ; s'il y a un cours d'eau facile à franchir et courant dans le sens de la longueur de la vallée, on pourra occuper les deux côtés de la rive Si c'est un torrent rapide, on ne prendra cette disposition qu'autant qu'il y aura un nombre suffisant de communications. Si l'on rencontre un obstacle, il faudra se tourner de manière à le prendre en tête et à revers.

Les rivières jouent un rôle très-important à la guerre. Si elles sont perpendiculaires à la ligne d'opération, elles formeront de bonnes lignes de défense successives. Étudions les points sur lesquels doit s'exécuter un passage de rivière, celle-ci servant de ligne de défense à l'ennemi. La stratégie indique le point où le cours d'eau forme un saillant assez prononcé du côté de l'ennemi, car alors on peut couper la retraite aux troupes déployées le long de la rive qu'elles défendent. C'est pour cela que les Allemands, lorsqu'ils envahirent la France, franchirent le Rhin à Bâle. Tactiquement, le point de passage, au contraire, doit être un rentrant, car on obtient ainsi des feux convergents sur le débouché. Pour accorder les règles de la stratégie et celles de la tactique, on franchira un fleuve au point où ce fleuve forme un rentrant dans un saillant.

On passe les rivières, soit au moyen de ponts que l'on répare ou que l'on construit, soit sur la glace, à gué ou à la nage.

Sur des ponts que l'on répare : En effet, quand on détruit un pont, on se borne le plus souvent à couper les tabliers, quelquefois même, pour se ménager un passage en cas de retraite, n'a-t-on fait que remplacer ces tabliers par des ponts-levis. Pour en chasser l'ennemi qui les occupe, on envoie de l'autre côté des tirailleurs qui prennent les défenseurs à revers. Le plus souvent on construit des ponts; on les établit soit au moyen de ressources locales, soit à l'aide des équipages de ponts que les armées mènent à leur suite. De tout temps et dans la grande guerre, les armées ont eu des équipages de bateaux propres à composer un pont sur les fleuves à traverser.

Au XIVe siècle on se servait de tonneaux liés ensemble et recouverts de madriers ou de ponts construits avec des planchers reliés les uns aux autres par des traverses et des boulons en fer. D'après Diégo Vfano, en 1599 on se servait dans l'armée espagnole de ponts légers, faits de plusieurs pièces de toile tendues sur des assemblages de cordages, ayant les côtés garnis de perches de sapin; on les montait sur des petits bateaux si légers qu'on pouvait en charger trois sur un chariot; et pour le passage des grandes rivières, on employait des bateaux larges de 14 pieds environ, lesquels, bien affermis sur leurs ancres, étaient arrangés en ligne droite à 14 pieds l'un de l'autre, la proue contre le courant; pour joindre la distance entre les bateaux, il fallait des pièces de bois longues de 28 pieds, 14 pieds pour couvrir l'entre-deux et les autres 7 pieds de chaque côté sur les bateaux.

Aujourd'hui le ponton, fait de sapin, se place à des distances déterminées et supporte des madriers et des planches, de manière à ce que l'ensemble forme un pont pouvant donner passage aux troupes, aux équipages et au matériel de toute espèce d'une armée ou d'un corps de troupes. Avec cinq de ces bateaux on peut former un pont de 36 mètres, qui reçoit aussi le nom plus spécial de ponton, et le service en est fait par des hommes spéciaux qu'on appelle pontonniers. Les pontonniers furent organisés pour la première fois en 1765, en un bataillon de huit compagnies, fortes chacune de 72 hommes. Il en existe aujourd'hui un régiment, qui est compris dans l'artillerie sous le N° 6. Les pontons se transportent sur des haquets et suivent généralement les parcs d'artillerie.

On distingue en France deux équipages de ponts : l'un dit de réserve, se compose de 75 voitures portant 30 bateaux et des matériaux de tout genre, qui permettent de jeter des ponts de 204 mètres de longueur; l'autre, dit d'avant-garde, est composé de 7 voitures et sert pour traverser les cours d'eau, qui n'ont pas au-delà de 40 à 45 mètres.

Les ponts militaires prennent le nom de leurs supports, c'est-à-dire qu'il y a des ponts de bateaux, de pontons, de radeaux, de chevalets, etc. Pour la construction des ponts de chevalets, après avoir préparé les culées, on place les chevalets dans l'eau à quatre mètres de distance, de milieu à milieu l'un de l'autre ; on les garnit successivement de poutrelles recouvertes ensuite de madriers. Ces ponts de chevalets se construisent sur des rivières dont le fond est solide et dont la profondeur n'excède pas 3 mètres et la vitesse 1 m. 50 par seconde.

On appelle pont de bateaux celui que l'on forme sur une rivière, au moyen de bateaux et de pontons; pont volant, une sorte de bac que l'on établit avec des bateaux liés entre eux par des madriers et des planches.

On peut passer les rivières à la nage; la natation est généralement négligée en France; le climat, l'emplacement des garnisons, s'opposent à ce que l'on donne à cette instruction toute l'étendue désirable. Le règlement prescrit d'exercer à la natation l'infanterie et la cavalerie ; le cavalier passe plus facilement que le fantassin ; le cheval nageant naturellement, il suffit de ne pas contrarier ses mouvements et de traverser assez obliquement pour que l'action du courant n'ait pas trop de prise sur lui.

Dans plusieurs occasions, et notamment lors du débarquement en Égypte, les chevaux ont été mis à l'eau et ont suivi à la nage d'autres chevaux nageant également, mais conduits à la longe par des hommes placés dans des chaloupes.

Le mode de passage sur la glace est fort précaire, un changement de température pouvant amener subitement la débâcle et rompre les communications de la partie de l'armée qui aurait déjà traversé. La glace peut servir de passage à l'infanterie marchant par files, quand elle a 8 à 9 centimètres d'épaisseur ; à 11 centimètres, la glace donne passage à la cavalerie et aux pièces légères ; à 16 centimètres, elle permet le passage aux plus lourdes pièces de campagne. La glace doit toujours reposer sur l'eau, autrement le passage présenterait peu de sécurité. Pendant l'hiver de 1794 à 1795, l'armée française dut à des passages sur la glace la conquête de la Hollande et la prise d'une flotte par de la cavalerie légère.

Les gués sont extrêmement utiles à la guerre, pour le passage des rivières. On a vu dans la campagne d'Italie en 1797, l'armée française passer à gué le Tagliamento en ordre de bataille, aborder l'armée autrichienne et la culbuter.

Les meilleurs gués sont ceux dont le fond est ferme et solide ; dans les pays montagneux, les gués sont embarrassés de grosses pierres qui les rendent impraticables aux voitures. Dans les pays de plaines, souvent le fond d'un gué est fait de vase ou d'un sable fin qui est facilement enlevé par les pieds des chevaux, d'où il résulte que le gué est détruit avant le passage terminé. La profondeur ordinaire d'un gué doit être de 1 mètre pour l'infanterie, 1 m. 30 pour la cavalerie, et 0 m. 70 pour l'artillerie. Cependant, quand le courant n'est pas trop rapide, l'infanterie peut passer à 1 m. 30.

Il arrive quelquefois qu'une rivière est guéable dans toute sa largeur, excepté dans une petite étendue, soit que l'ennemi ait coupé le gué, soit que la profondeur des eaux soit naturellement plus grande en ce point ; il faudra alors combler cette partie non guéable, soit avec des fascines dans lesquelles on mettra des pierres pour qu'elles ne surnagent pas, soit avec des caisses ou des gabions remplis de pierres et de sable, de manière à ramener la partie creuse de la rivière à n'avoir que la profondeur voulue, dans une largeur de 4 à 5 mètres.

On reconnaît l'emplacement d'un gué par des renseignements pris auprès des habitants, par des traces de roues qui viennent aboutir au rivage et se continuent dans l'eau, par l'augmentation de vitesse du courant et par celle de la largeur de la rivière, par un double changement de direction ayant lieu dans une petite étendue ; dans ce cas le gué est dirigé diagonalement d'un saillant du rivage à l'autre.

Enfin les gués existent quelquefois en avant des ponts si les eaux sont rapides, et en amont dans le cas contraire ; aux affluents des rivières et des fleuves, surtout s'il y a une grande différence de vitesse entre les courants.

Le moyen pour reconnaître un gué consiste à descendre la rivière dans une nacelle, à laquelle on attache une sonde arrêtée par un cordage et qui plonge de 1 mètre à 1 m. 30, selon que l'on cherche un gué pour l'infanterie ou la cavalerie ; lorsque la sonde touche le fond, on s'arrête et on cherche d'autres points guéables dans toutes les directions ; on marque les points où touche la sonde par des jalons solidement enfoncés. En continuant l'opération sur toute la largeur, on établit deux files de jalons qui marquent la direction du gué ; pour rendre cette direction plus visible et retenir ceux qui perdraient pied ou seraient entraînés par le courant, on tend des cordes d'un jalon à l'autre.

Lorsque l'on connaîtra l'emplacement d'un gué, il faut le faire parcourir par des nageurs, avant de s'y aventurer, afin de le faire réparer s'il y a lieu, ou d'en faire retirer les obstacles que l'ennemi y aurait établis.

L'infanterie formée par pelotons commence le passage ; elle est suivie par l'artillerie, et la cavalerie ferme la marche. On suit cet ordre, car les pieds des chevaux finissent par détériorer le gué Assez souvent on fait passer la cavalerie en amont pour briser l'effet du courant, tandis que d'autre cavalerie passe en aval pour retenir les hommes qui seraient entraînés ; quelquefois on fait passer des fantassins en croupe des cavaliers.

En cas de retraite, on détruit les gués en les coupant par des fossés, des trous de loup ; en y semant des chausse-trappes.

On recommande aux hommes de ne pas fixer le courant, mais bien un point de la rive, sans cela ils iraient à la dérive.

Nous avons dit que le point que l'on devait choisir pour effectuer un passage devait être un rentrant ; il faut encore que la rive sur laquelle on se trouve domine l'autre. Les îles faciliteront le passage. Il est avantageux de trouver des bois sur la rive opposée que l'on pourrait faire occuper par des tirailleurs qui protégeraient le passage. Si près du point de passage il y a un affluent, il peut faciliter la mise à l'eau des bateaux destinés au passage.

On lit dans les dictées de Napoléon 1er au général Gourgaud : « Quand une rivière a moins de soixante toises, les troupes qui sont jetées sur l'autre bord, protégées par une grande supériorité d'artillerie et par le grand commandement que doit avoir la rive où l'artillerie est placée, se trouvent avoir tant d'avantages, que pour peu que la rivière forme un rentrant, il est impossible d'empêcher l'établissement d'un pont. Dans ce cas, les plus habiles généraux se sont contentés, lorsqu'ils ont pu prévoir le projet de leur ennemi et arriver avec une armée sur le point du passage, de s'opposer au passage du pont, qui est un vrai défilé, en se plaçant en demi-cercle alentour, et en se défilant du feu de la rive opposée, à trois ou quatre cents toises de ses hauteurs. C'est la manœuvre que fit Vendôme pour empêcher Eugène de profiter de son pont de Cassano. »

Pour la défense d'une rivière, il faut reconnaître les points où elle peut être franchie et prendre un dispositif d'attente; il faut retirer tous les bateaux, détruire les ponts, les gués, etc... On mettra en général à proximité des points déterminés de passage, des corps d'observation reliés entre eux par des postes. On se fera connaître au moyen de signaux les points où l'ennemi se montrera. Il faut avoir une ou deux fortes réserves. Les inconvénients de la défense, sont que les troupes se trouvent disséminées, en sorte que l'ennemi est essentiellement le plus fort sur tous les points d'attaque. Il y a trois systèmes de défense : le premier consiste à empêcher le débarquement des tirailleurs et la construction du pont, en plaçant sur des points dominants des tirailleurs armés de carabines de précision. C'est ainsi que l'archiduc Charles, voulant passer la Limath, en fut empêché par l'ennemi qui avait posté sur la rive opposée, dans les ruines du village de Dettlingen, des carabiniers suisses qui, par leurs feux bien dirigés, l'obligèrent à abandonner le passage.

Ce premier système est bon, mais difficile, car à peine a-t-on connaissance du lieu du passage, que déjà les tirailleurs ennemis ont traversé et pris position.

Le deuxième système consiste à laisser passer quelques troupes seulement et à agir contre elles avec toutes ses forces, que l'on a déjà eu le temps de rassembler sur ce point de passage.

Enfin, dans le troisième système, on laisse effectuer le passage et l'on prend en arrière du débouché une disposition enveloppante. Ce dernier système est celui que l'on adopte généralement dans les grandes guerres.

Un des plus célèbres passages de rivière est celui de la Bérésina, exécuté par la grande armée le 26 novembre 1812. Napoléon s'était décidé à quitter Moscou ; arrivé sur les bords de la Pakra, il entrevoit la possibilité de dérober sa marche et d'évacuer la Russie par la nouvelle route de Kalouga, à travers une contrée non-épuisée, au lieu de la vieille route dévastée de Smolensk, par laquelle il était venu. L'armée russe, avertie à temps, se porte à Malojaroslawetz pour lui barrer le passage. Le prince Eugène, à la tête du corps d'armée d'Italie, livra le 24 octobre une bataille sanglante et glorieuse. Napoléon voudrait, au risque d'en donner une seconde, se maintenir sur cette route. Les instances de ses lieutenants qui trouvent ce parti trop téméraire, le décident à reprendre la route de Smolensk. Au milieu des solitudes et des neiges, un froid de 30° et la faim triomphèrent de l'armée qu'une force humaine n'aurait pu vaincre. La retraite, bien qu'horriblement désastreuse, se fit avec une sorte d'ordre jusqu'à la Bérésina. L'armée française avait sur ses derrières l'armée russe de Kutusow ; sur la rive droite était l'armée de Moldavie : l'avant-garde de Cziczakow s'était emparée de la tête de pont de Borisow. La position de Napoléon était plus critique que jamais. Oudinot se porte en toute hâte sur Borisow, tandis que le maréchal Victor contenait Vitgenstein qui barrait le chemin à Vitebsk. Oudinot attaque l'avant-garde russe, la défait complètement et la rejette dans Borisow, qu'elle évacue dans le plus grand désordre et dont elle brûle le pont. Des reconnaissances font savoir qu'au-dessus de Borisow la rivière peut être franchie sur trois points, Stakow, Studianka et Wesselovo. Le gué de Studianka avait servi quelques jours auparavant au général Corbineau. Sur son rapport le général d'artillerie Aubry reçut l'ordre d'y rassembler le matériel nécessaire à la construction des ponts, que la crue des eaux rendait indispensables. Il annonce qu'une division russe était placée à 700 toises en arrière du point de passage. Oudinot multiplie ses démonstrations sur Borisow. L'Empereur arrive le 25 ; depuis Orcza il précipitait sa marche et avait gagné quelques jours sur Kutusow. Les démonstrations d'Oudinot firent croire à Cziczakow que le passage serait tenté au-dessous de Borisow, il se porta donc au sud de Wesselovo avec les principales forces, ne laissant à ce point qu'un corps d'observation. L'Empereur ordonne immédiatement la construction des ponts. Aussitôt le pont de droite terminé, Oudinot franchit la Bérésina, rejette le corps d'observation dans Borisow, tandis qu'un fort détachement occupe la tête des chaussées que l'ennemi n'a pas détruites, et va prendre position à Stakow pour empêcher l'ennemi de tomber sur les flancs de l'armée française. Le lendemain les Russes attaquent sur les deux rives à la fois. Victor, duc de Bellune, soutient le choc de toute l'armée russe et protége le passage ; sur la rive droite, Ney et Oudinot contiennent le corps d'armée du général Cziczakow. Les deux armées étaient disposées parallèlement, appuyant l'une et l'autre leurs flancs à la rivière. Le pays étant couvert, les Russes engagèrent le combat dispersés en tirailleurs; ce mode d'action, favorable aux Français, leur permit de contenir l'ennemi. Sur la rive gauche, Wiegenstein n'arriva en ligne qu'à dix heures; ses boulets sillonnèrent aussitôt la masse confuse arrêtée près des ponts, y firent de sanglantes trouées et y causèrent un immense désordre. La foule se précipite sur les ponts, dont l'un trop chargé se brise; la confusion est extrême. En vain les Russes veulent en profiter, le maréchal Victor leur oppose une résistance héroïque, leur fait perdre du terrain et ne passe que dans la nuit sur l'autre rive. Il fallut pratiquer une tranchée dans les cadavres pour rendre la marche possible. Beaucoup de traînards eussent pu le suivre, mais ils restèrent sourds à ses ordres comme à ses prières; à huit heures du matin, on fit sauter le pont.

CHAPITRE XI.

Camp et cantonnement. — Zône d'avant-poste. — Postes à la Cosaque. — Védettes. — Petits postes. — Grand'gardes. — Patrouilles.

On entend par camp, le lieu où une armée stationne pour un temps plus ou moins considérable; mais de quelque manière qu'on l'établisse, il faut toujours considérer un camp comme une position militaire qui réclame des règles pour sa défense. Les Romains, même pour le campement d'une nuit, prenaient de nombreuses dispositions, afin de se mettre à l'abri d'une attaque; mais ces dispositions variaient suivant la nature du sol et les accidents des localités. Cependant, en général, la forme quadrangulaire était celle qu'ils affectionnaient, et ils entouraient leur tracé d'un fossé ordinaire de 3 mètres de profondeur sur 4 de largeur, avec un parapet haut de 1 mètre 40. Cette enceinte avait quatre portes; les tentes, suivant le temps et les circonstances, étaient de peaux, de planches, de joncs ou de paille; un espace de 64 mètres entre les tentes et le retranchement, était réservé pour les réunions de la troupe, avant de se mettre en marche. — Les Romains ne campaient pas rigoureusement suivant l'ordre de bataille, mais leurs dispositions étaient telles, néanmoins, que les troupes pouvaient, avec promptitude et sans confusion, se porter sur les points de l'enceinte qu'elles avaient à défendre. Les tentes étaient disposées par files perpendiculaires au front du camp.

Dans la Gaule, on donnait le nom de Camp de César à des

retranchements établis sur des hauteurs, et ayant des ouvertures plus ou moins nombreuses, suivant la nécessité.

Les armées modernes adoptent deux dispositions de campement : en ordre de marche et en ordre de bataille. La première n'a lieu que dans les camps considérés comme étapes; la seconde est rigoureuse, toutes les fois que l'on peut craindre une attaque, attendu que le passage de l'ordre de marche à l'ordre de bataille, offrirait de graves inconvénients, par la perte de temps que ce passage entraîne. Il convient donc, dans ce dernier cas, que les troupes, en prenant les armes, se trouvent immédiatement dans l'ordre où elles sont appelées à combattre. La première chose dont on s'occupe ordinairement, lorsqu'il s'agit de tracer un camp, c'est d'établir ce qu'on appelle le front de bandière, c'est-à-dire l'espèce de large rue qui longe le premier rang des tentes ou des baraques. On dispose ensuite celles-ci perpendiculairement à ce front ; les tentes des officiers sont en arrière de leurs compagnies, celles des chefs de bataillon en arrière du centre de leurs bataillons, et celle du colonel derrière le centre du régiment; plus loin sont les cuisines; les faisceaux d'armes sont alignés, en avant du front de bandière, et les drapeaux sont au centre du régiment; enfin le quartier général est en arrière du camp, mais aussi rapproché que possible, et tout l'établissement est gardé avec une rigoureuse surveillance.

Le cantonnement est un établissement temporaire d'un corps ou d'une fraction d'armée, soit pour y attendre le commencement des opérations, soit pour occuper un point déterminé dans un ordre de bataille ou dans une manœuvre stratégique. — Le système de cantonnement doit toujours se trouver en arrière d'une bonne ligne de défense. On mettra l'artillerie dans les villages, à proximité des grandes routes, et dont les communications sont faciles ; la cavalerie sera placée dans les villages qui offriront le mieux la possibilité d'avoir du fourrage.—Dans le cas où l'ennemi franchirait la ligne de défense, il faut avoir fait choix d'un point de rassemblement ; il doit être tel que l'ennemi ne puisse pas y arriver avant que les troupes n'y soient rassemblées. C'est pour avoir mal choisi le point du rassemblement, que Turenne fut battu par Mercy, dans la guerre de Trente ans.

La veille d'une bataille, les troupes bivouaquent sur le terrain même, occupant le même front.

Pour couvrir l'établissement des troupes, il faut prendre différentes mesures; elles ont pour objet de mettre les troupes à l'abri de toute surprise. Ces mesures, nous les avons étudiées pour les marches; quand on est en position, on établit un système analogue.

On entend par zone d'avant-postes, la portion de terrain comprise entre le bivouac et l'ennemi; par système d'avant-postes, la disposition des postes entre-eux.

La profondeur de la zone occupée doit être telle que les troupes aient le temps, en cas d'attaque, de faire leurs préparatifs de défense; cette hauteur varie entre 3 et 12 kilomètres. Si le bivouac n'est pas appuyé par ses flancs à des obstacles inertes, la zone se rattache aux flancs. La circonférence de la zône doit couper toutes les lignes de communications; si dans la zone il se rencontre un cours-d'eau parallèle à la ligne de bataille, c'est une chose avantageuse, et ce cours-d'eau limitera la zone en avant.

Le dispositif d'occupation de cette zone est un système d'avant-postes dont nous allons étudier la position : — à 200 mètres de la ligne de bataille est l'avancée de la garde de police, qui n'est placée que pour des considérations de service intérieur; puis viennent les grand'gardes; leur distance au bivouac est ordinairement de 1,500 à 2,000 mètres.

Le nombre, la force et le placement des grand'gardes sont réglés par les généraux de brigade. Ordinairement, les grand'gardes sont composées d'infanterie et de cavalerie. A 400 ou 500 mètres sont disséminés des petits postes que les grand'gardes détachent en avant d'elles pour observer les lignes de communication. A 200 mètres en avant des petits postes, est un cordon de sentinelles. A 1,000 ou 1,200 mètres, sont des védettes ou cavaliers à cheval. Enfin, en avant, sont les postes dits à la cosaque, mais qui ne sont pas réglementaires. Quelquefois, entre les grand'gardes et la garde de police, on place des postes de soutien. Les postes à la cosaque, les védettes et les sentinelles ont pour mission particulière d'observer; les grand'gardes qui sont plus nombreuses, ont pour mission, non-seulement d'observer, mais encore de résister, en cas de surprise, le plus longtemps possible, afin que l'armée ait le temps de prendre les armes.

Étudions les conditions avantageuses d'emplacement, de composition, et les devoirs de chacun de ces postes.

En première ligne, sont, avons-nous dit, les postes à la cosaque : ces postes ne sont pas réglementaires, mais il peut arriver, qu'en avant des védettes, se trouvent des points favorables à l'observation. On détache alors sur chacun de ces points, trois hommes ; il leur est permis d'établir à 200 ou 300 mètres de leur position, un feu pour tromper l'ennemi sur l'emplacement qu'ils occupent. L'un de ces trois hommes est toujours en observation, l'autre tourne tout autour dans un rayon de 200 ou 300 mètres, le troisième peut se reposer.

En deuxième ligne se trouve la ligne des védettes ; elle est formée de cavaliers placés à 1,000 ou 1,200 mètres en avant des petits postes. Les védettes ayant pour but d'observer, on les place sur les points d'où elles puissent découvrir au loin. Elles sont autant que possible dérobées à la vue de l'ennemi par un mur, un arbre, une éminence ou un pli de terrain dont elles ne dépassent le plan que de la tête. L'avantage d'observer et de ne pouvoir être vu, ne doit cependant pas être sacrifié à celui d'apercevoir plus au loin. Il faut éviter de placer les védettes auprès d'un lieu couvert, où l'ennemi puisse se glisser pour les surprendre. La nuit, il sera avantageux à la védette pour mieux voir de se placer au bas d'un monticule. Une védette doit toujours voir les deux védettes les plus rapprochées d'elle : quelquefois, on place deux védettes ensemble, surtout à l'intersection des chemins. Lorsque la cavalerie est peu nombreuse, on se borne à faire circuler sur la ligne des védettes qui font des espèces de rondes. Il y a donc trois espèces de védettes : 1° celles simples ; 2° celles doubles; et 3° celles volantes. Le jour, la védette se sert de ses yeux pour observer ; la nuit, c'est surtout en écoutant. Elles doivent sans cesse voir les védettes ennemies et observer la force des troupes qui viennent relever les postes ennemis. Si la védette aperçoit dans le camp ennemi de la poussière, si elle voit les armes rayonner, elle devra attirer l'attention des petits postes, car c'est un signe que l'ennemi va effectuer quelques mouvements. La védette attire l'attention des petits postes au moyen de signaux convenus, soit en élevant un mouchoir, en faisant faire des conversions rapides à son cheval, etc. ; alors, l'officier du petit poste se porte près de la védette et examine.

Si on aperçoit sur une route de la poussière, et que celle-ci se lève peu de terre, ce sont des voitures. Si elle est haute et épaisse, c'est de la cavalerie qui se met en marche. L'éclat des armes montre la direction des troupes ; si elles marchent en avant, l'éclat des armes donne une zone lumineuse ; marche-t-elle en retraite, la zone ne paraît plus lumineuse que d'instants en instants. La zone de lumière paraît se diriger dans le sens opposé dans lequel marche la troupe. Quand on voit les feux se raviver, cela indique que les postes sont renforcés ; si ces feux s'éteignent ou deviennent plus rares, c'est un indice que l'ennemi va faire un mouvement rétrograde. Une védette doit toujours être prête à faire feu ; elle a le mousqueton haut ou le pistolet à la main. Cependant, pour ne pas donner une fausse alerte, elle ne tire que quand elle aperçoit très-distinctement. Elle doit, alors même que toute défense de sa part serait inutile, tirer vivement pour avertir. Il est recommandé aux sentinelles et aux védettes de ne pas se replier sur les petits postes si elles sont poursuivies, mais de n'y arriver que par un circuit, afin d'en tenir l'ennemi éloigné plus longtemps

Les petits postes fournissent les sentinelles ou les védettes, suivant qu'ils sont de cavalerie ou d'infanterie Le premier soin du commandant d'une grand'garde, ainsi que des officiers généraux, est, dès qu'elle est placée, d'avoir des nouvelles de l'ennemi, puis de reconnaître sa position, les chemins, les débouchés, les défilés, les ponts et les gués par lesquels il peut arriver, et ceux par où il est possible d'aller à lui.

On détermine d'après ces reconnaissances, la force des postes avancés, leur placement et celui de leurs sentinelles de jour et de nuit. Selon leur degré d'importance, les petits postes sont commandés par des officiers, des sous-officiers, des caporaux ou brigadiers ; ils sont ordinairement dans la proportion de quatre hommes par sentinelle ou védette ; en principe, quelle que soit la force de la grand'garde, le nombre des hommes détachés pour les petits postes ne doit pas dépasser la moitié de celui des grand'gardes. Il est prescrit aux petits postes de ne pas dormir la nuit et les jours de brouillard, seulement la moitié se repose pendant le jour. Lorsque les petits postes doivent, pendant la nuit, changer leur position, ils ne quittent leur emplacement de jour pour prendre celui de la nuit, que quand la grand'garde est établie dans le sien, et que l'obscurité empêche l'ennemi de voir leur mouvement. Ils se retirent alors sans bruit et avec célérité.

Les grand'gardes doivent couvrir les approches du camp. Elles sont de 150 hommes au maximum, quand elles ne sont composées que d'infanterie, et de 150 hommes au minimum, si elles le sont d'infanterie et de cavalerie. Leur emplacement est déterminé par le général de brigade. Il faut éloigner la grand'garde des obstacles de terrain, qui pourraient couvrir l'ennemi et lui permettraient de la surprendre. Elle ne doit pas être sur une grand'route, mais un peu sur le flanc. Elles sont rarement retranchées ; seulement, celles qui sont dans une plaine et exposées aux attaques de la cavalerie peuvent se barricader, creuser un fossé, faire un bourrelet et placer des abattis en avant. L'officier commandant la grand'garde doit visiter en plaçant les petits postes, le terrain en avant, afin d'établir un système de défense. Il y a des feux aux grand'gardes ; aux petits postes, il n'y en a pas. Une moitié des grand'gardes peut se reposer. Quand les grand'gardes ont été placées de jour, très-près ou en vue de l'ennemi, il leur est assigné pour la nuit un poste plus en arrière ; elles en prennent possession à la chute du jour. On doit encore les rapprocher des bivouacs, des camps ou cantonnements, dans les pays fourrés, coupés ou montagneux, surtout quand l'ennemi est favorisé par les habitants. Si l'on juge à propos de les tenir éloignées, on établit des postes intermédiaires. C'est au corps principal à fournir ces postes intermédiaires de soutien ou d'observation qu'exigeraient leur éloignement de ce corps, le débouché de vallées ou de bois sur leurs communications, enfin les ponts ou défilés qu'elles auraient à franchir en cas de retraite. Quand il se présente des déserteurs, le chef des grand'gardes les interroge et les désarme avant de les envoyer à l'état-major. Si ces déserteurs sont nombreux, on les désarme dans des lieux découverts, et dans lesquels il ne puisse pas y avoir de surprise possible de leur part.

Si l'ennemi se présente, les petits postes se replient sur la grand'-garde qui se porte elle même en avant, et manœuvre de manière à profiter des circonstances du terrain qui lui permettent d'arrêter l'ennemi le plus possible. Elle fait avertir les postes de soutien, et enfin, aux dernières extrémités, elle se replie par des chemins détournés sur ces postes de soutien, de manière à arriver sur leurs flancs. Les postes de soutien peuvent avoir de l'artillerie et être considérables.

Dans des pays boisés, la cavalerie ne sera pas de grande utilité, puisque les védettes ne pourront pas apercevoir au loin. L'infanterie sera placée, savoir : les sentinelles en cordon tout autour du bois, les petits postes à tous les chemins pour soutenir les sentinelles, les grand'gardes dans les clairières, et les postes de soutien en arrière du bois.

Chez les anciens, ce service d'avant-postes n'existait pas. Sous Turenne, on se contentait d'envoyer en avant quelques piquets de mousquetaires. Aussi les armées étaient souvent surprises. C'est à Frédéric que remonte le système d'avant-postes ; le perfectionnement est dû à l'Empire.

Il est indispensable d'établir une liaison entre les différentes lignes. Ce but est rempli par des patrouilles ; elles sont de deux espèces, les unes destinées à parcourir la zone, sont défensives et se composent de trois à huit hommes, qui marchent espacés les uns des autres. Leur marche ne doit pas être vue de l'ennemi, aussi doivent-elles prendre toutes les précautions à cet égard ; les hommes auront l'arme sous le bras gauche et la couvriront avec leurs capotes. Ils cachent également leurs bufflèteries. Ils marchent à une distance de 30 à 20 mètres les uns des autres. Pendant la nuit, ces patrouilles doivent s'arrêter souvent, écouter et marcher avec précaution. Dans leur itinéraire, elles décrivent une ligne en zig-zag, afin de fouiller toutes les parties du terrain. Si elles rencontrent l'ennemi, le caporal envoie un homme reconnaître, et s'il est enlevé ou tué, la patrouille fait feu et se reporte par des chemins détournés sur les petits postes. Si elle tombe dans une embûche, elle fait feu, et chaque homme se reporte également et séparément sur les petits postes. Si la patrouille est de trois hommes, ces trois hommes seront sur une ligne ; la distance étant de 150 mètres le jour, et 20 à 30 mètres la nuit. S'il y a quatre hommes, ils sont disposés en losange ; le caporal est à l'intérieur ; si la patrouille est de cinq hommes, le caporal a un homme avec lui. Si la patrouille est de six hommes, ils sont disposés suivant un pentagone, le caporal au centre avec un homme ; si la patrouille est de sept ou huit hommes, en losange. La mission de ces patrouilles est de voir si l'ennemi n'a pas pénétré dans la zone d'avant-postes, et si le service des sentinelles est bien fait. Ces patrouilles sont remplacées souvent par des rondes.

Si une patrouille s'aperçoit qu'une sentinelle a été enlevée, elle la remplacera aussitôt, se portera au poste le plus voisin, et fera relever sa sentinelle par un soldat de ce poste.

Les patrouilles offensives sont destinées à faire des reconnaissances et à dépasser la ligne des sentinelles. Ces patrouilles sont commandées par des officiers, et leur force est de dix à trente hommes. Voici le dispositif : à 200 mètres en avant du corps principal seront deux hommes, dont un brigadier ou caporal ; à 40 ou 50 pas sera un homme isolé ; à 200 mètres marchera le corps principal. On se procure un guide qui marche à côté de l'officier. Ce guide peut être attaché et tenu, si on soupçonne sa bonne foi.

On peut aussi éclairer les flancs au moyen d'un cavalier à droite et à gauche, et placer deux cavaliers en arrière-garde. On recommande aux cavaliers de tenir le côté gauche d'une route, parce qu'il est plus avantageux de combattre à droite étant à cheval.

Si la patrouille était composée d'infanterie, voici le dispositif adopté : en avant, une avant-garde de trois hommes, une arrière-garde également de trois hommes, enfin le corps principal sur deux files ; à droite et à gauche un flanqueur. Si la patrouille était de trente hommes, on aurait une avant-garde proprement dite marchant à 40 mètres en arrière d'une pointe de trois hommes. Cette avant-garde serait flanquée à droite et à gauche par un homme. Le corps principal sur deux files, flanqué par un triangle d'éclaireurs, enfin une arrière-garde de trois hommes. Le but de ces patrouilles est d'enlever les sentinelles ennemies. Ces patrouilles peuvent aussi être envoyées en reconnaissance. Lorsque ces patrouilles auront à franchir un défilé, elles le feront par groupes de deux hommes et à de grandes distances l'un de l'autre, et quand on sera sûr que ces défilés ne sont pas occupés ; de même si elles ont à traverser des bois, elles le feront également par petits groupes. Ont-elles un village à reconnaître ? elles s'arrêtent hors de vue du village et envoient un ou deux soldats au plus ; ils pourront reconnaître à de certains indices si le village est occupé par de la troupe ; ainsi, la nuit, s'ils voient de nombreuses lumières circuler dans les maisons, s'ils entendent les chiens aboyer ; dans le jour, s'ils aperçoivent des bufflèteries aux fenêtres ; si le village n'est pas occupé, il faut enlever un des habitants. Voici le moyen habituel : quelques hommes se glissent dans une écurie où il y a des bestiaux ; ceux-ci s'agitent et hennissent, probablement un garçon descend pour venir voir ce qui se passe ; on profite de ce moment pour le forcer à vous suivre ; on le conduit au chef de la patrouille qui l'interroge et tâche d'en tirer les détails que comporte sa mission.

Au point du jour, la cavalerie est spécialement chargée de faire des découvertes pour voir si l'ennemi n'a pas opéré quelque mouvement pendant la nuit et étudier sa position. Il est donné un point de rassemblement aux patrouilles allant à la découverte, et, en cas d'attaque, elles n'y reviennent qu'en décrivant des courbes et séparément.

CHAPITRE XII.

Petites opérations de la guerre. — Composition des détachements. — Détachement d'infanterie. — Détachement de cavalerie. — Détachement mixte. — Poste retranché. — Défense et attaque d'un poste.

Dans une campagne il y a journellement à faire de petites opérations. Ainsi, il faut ramasser des vivres pour les mettre dans les magasins, escorter les convois, aller aux fourrages. L'influence des petites opérations est plus ou moins grande, suivant l'importance de la campagne que l'on fait. Sous le règne de Louis XIV, lorsque l'on faisait la guerre de siéges, l'importance des petites opérations ayant pour but d'arrêter les convois qui venaient ravitailler la place, était très-grande.

Sous l'Empire, avec le système de guerre de Napoléon, comportant toutes ces bases successives et tous ces détachements joignant ces bases entre elles, les petites opérations avaient moins d'importance. En Algérie, la guerre ne comporte que des petites opérations. En général, on entend par détachement, toute fraction d'une ou plusieurs armes réunies temporairement pour l'exécution des petites opérations de la guerre. C'est le général qui assigne le but et la composition des détachements; le commandement à grade égal appartient à l'officier de cavalerie si la mission comporte principalement le rôle de la cavalerie; dans le cas contraire, à l'officier d'infanterie. Le chef doit être prompt, vigilant, expérimenté et observateur, sachant se rendre compte du terrain qu'il parcourt, et prendre ensuite les moyens de défense nécessaires. Il doit bien comprendre l'ordre qui lui est donné. Dans un ordre il y a deux parties à distinguer ; l'ordre lui-même et l'esprit de l'ordre. Avant le départ du détachement, son commandant en passe l'inspection, s'assure que les soldats ont tout ce qu'il leur faut ; puis il donne communication de la mission qu'il a à remplir à ses principaux sous-ordres. Il y a deux espèces de détachements, ceux qui doivent opérer dans la sphère d'action de l'ennemi, et ceux qui restent en-dehors de cette sphère. Dans ce dernier cas, tout se borne à prendre les précautions nécessaires pour que la marche se fasse le plus avantageusement. Ainsi, un détachement d'infanterie franchira un myriamètre en deux heures, la cavalerie en une heure ; suivant la nature du terrain, l'infanterie ou la cavalerie marchera en avant ; à la queue de la colonne seront les bagages et l'artillerie. On fera des haltes d'heure en heure ; toutes les fois qu'on fait une halte, on ne laisse pas les hommes s'écarter. Tout détachement doit être précédé d'une avant-garde ; sa force sera de 1/10 à 1/12. Elle marche à une demi-heure de distance ; l'arrière-garde sera également à une demi-heure de marche. Il n'y aura pas de flanqueurs. Le rôle de l'avant-garde est d'enlever ce qui s'opposerait au passage du détachement ; l'arrière-garde n'a qu'un rôle de police.

Lorsque le détachement agit à proximité de l'ennemi, le but de l'expédition, la nature du terrain qu'on a à parcourir, déterminent quelles sont les armes qui composeront le détachement ; ainsi, si le but du détachement est d'occuper un lieu, si la marche doit être secrète, si on a à exécuter une marche dans un terrain accidenté, on le formera d'infanterie ; mais si on a à parcourir le terrain sans l'occuper, soit pour ramasser des vivres, escorter des convois, ce rôle appartiendra à la cavalerie. Enfin, si dans l'escorte d'un convoi on prévoit une attaque, cette escorte sera composée avantageusement d'infanterie et de cavalerie, rarement de l'artillerie.

Une troupe devant toujours être en mesure de résister à une attaque imprévue, la meilleure disposition à lui donner sera un dispositif qui lui permettra de se défendre le plus rapidement possible. La meilleure disposition de l'infanterie pour la defense est le carré. On conçoit alors que pour que cette disposition soit prise avec le plus de rapidité, il faudra que le nombre des fractionnements du détachement soit 4 ou un multiple de 4.

Tout détachement a en outre besoin de mesures de précaution, qui seront remplies par une avant-garde, une arrière-garde et des flanqueurs. Lorsque le corps principal sera fort de moins de 600 hommes, la moitié de ces hommes pourra être employée à différents services ; s'il est supérieur à ce nombre, on ne pourra en distraire que le tiers. Ces rapports, toutefois, sont des maximums

Pour faciliter la marche, on met rarement plus de douze hommes de front et moins de huit.

Les conditions d'une bonne marche sont : le secret, la célérité et l'ordre.

Le secret est nécessaire, car si l'ennemi est averti, il prendra des mesures qui rendront impossible le but que l'on s'est proposé ; on arrive à avoir une marche secrète par différents moyens qui consistent à partir de nuit, à prendre une direction autre que celle qu'on doit suivre ; c'est ce qu'on appelle amorcer une direction ; à ne pas se laisser dépasser par les habitants qui suivent la même route, c'est l'affaire surtout des flanqueurs ; enfin, on évitera les lieux habités ; au moyen de toutes ces précautions, on arrive à avoir une marche secrète.

La célérité n'est pas moins indispensable que le secret, car les circonstances qui ont déterminé la petite opération peuvent changer, ou bien l'ennemi étant prévenu, peut prendre d'autres dispositions ; il faut donc se presser d'arriver.

Les officiers sont chargés de veiller à ce que l'ordre se maintienne dans la colonne, et que les hommes ne s'en écartent pas.

On rencontre souvent des obstacles dans la marche, tantôt c'est un défilé, tantôt une rivière à passer ; dans la première hypothèse, le commandant du détachement attend pour effectuer son passage, que les flanqueurs en aient occupé les flancs et l'aient reconnu. Si on a à franchir un pont, l'avant-garde le franchit d'abord, l'occupe et envoie des patrouilles dans les environs ; le commandant n'effectue le passage qu'après avoir entendu leurs rapports. Pendant ce temps, il reste arrêté sur l'autre rive ; lorsqu'il a passé, il attend avant de continuer la route, que l'arrière-garde l'ait rejoint.

Il arrive quelquefois que l'on ait à passer une rivière, à gué, sur des bateaux ou à la nage. Dans le deuxième cas, on placera à la garde des bateaux une quarantaine d'hommes avec un officier (suivant la force du détachement); — pendant la nuit, cet officier s'éloigne de la rive et stationne au milieu de la rivière, sur les bateaux, pour empêcher toute surprise. Lorsqu'on voudra traverser une rivière à la nage, on aura soin de ne composer le détachement que de nageurs; ceux-ci construiront un radeau sur lequel le commandant du détachement fera placer les armes et les effets des hommes. On choisira, pour aborder, un point où la pente soit douce. Dans aucun cas les rivières ne devront être des obstacles insurmontables.

Lorsqu'on fera une halte, on renforcera les flanqueurs et l'avant-garde, qui feront des patrouilles continuelles. La moitié au moins du corps principal restera sous les armes, l'autre moitié ne devra pas, en se reposant, dépasser les flanqueurs.

Lorsqu'on aura besoin de vivres, le plus simple moyen de s'en procurer sera d'entrer dans une maison isolée et d'y prendre ce qui s'y trouvera. Si ce moyen ne réussit pas ou est insuffisant, le commandant enverra un officier avec un ou deux hommes au village voisin, pour exiger des réquisitions, sous peine d'exécution militaire. L'autorité locale devra faire transporter elle-même les vivres au lieu qui lui aura été désigné; on évitera toujours de laisser entrer les soldats dans les villages, où ils ne manqueraient pas de causer du désordre, et pourraient être surpris par l'ennemi. Dès que les vivres seront arrivés, le commandant les fera distribuer immédiatement aux soldats, et le détachement se remettra de suite en route, afin d'éviter que l'ennemi averti ne vienne les attaquer; on a soin toujours de demander des vivres pour un plus grand nombre d'hommes qu'on n'en a réellement.

Si l'on rencontre l'ennemi, le but du détachement, les circonstances du terrain, les forces respectives des deux troupes indiqueront si on attaquera; on l'évitera si l'intérêt du service exige qu'avant tout le but du détachement soit atteint : hors de là, on attaquera, à moins que l'ennemi ne soit trop supérieur. Si le détachement est assailli par de la cavalerie, il se formera en disposition défensive, en ayant soin de se ménager des flanquements. Ainsi, un bataillon formera quatre carrés en échiquier; ces quatre carrés sont bien préférables à un seul plus fort. Dans cette disposition, le détachement s'achemine vers l'obstacle le plus voisin; le chef a soin de ne pas donner trop tôt l'ordre de rompre les carrés, quand on approche de l'obstacle, car si la cavalerie de l'ennemi est entreprenante, elle pourrait sabrer les hommes isolément, avant qu'ils aient le temps de se dérober. Lorsque l'infanterie aura gagné l'obstacle, elle étendra le plus possible la ligne de feu, pour forcer la cavalerie à la retraite.

Dans aucun cas le règlement et le caractère français ne permettent une capitulation en rase campagne.

Les détachements d'infanterie sont spécialement chargés de l'occupation des lieux et par conséquent de la défense des postes retranchés. Dans une armée, dit le règlement sur le service en campagne, on ne doit pas retrancher un poste, à moins qu'on ne soit dans des dispositions purement défensives, qu'on ait à couvrir des parties faibles ou qu'on refuserait, ou des points que l'ennemi ne pourrait éviter, soit en attaquant, soit en poursuivant; qu'on ne fasse une guerre de montagne; qu'on veuille fermer un défilé, ou qu'on ait à couvrir des quartiers d'hiver. Tout poste retranché est donc lié aux opérations de l'armée et entre dans le plan du général qui la commande. Ce poste étant une maison en pierre, voyons comment le chef du détachement devra en organiser la défense. La première chose à faire sera de créneler le mur d'enceinte; le mode d'établissement de ces créneaux est très-important, car s'ils n'étaient élevés, par exemple, que de 1 ou 1 mètre 50, l'ennemi supérieur en nombre, pourrait venir les emboucher et faire le plus grand tort aux assiégés. On les élèvera donc autant que possible de 2 mètres 50, en établissant dans l'intérieur une petite banquette. Les meilleurs créneaux sont ceux à ras terre, comme les soupiraux de cave. En avant de la porte on construira un tambour en charpente, espèce de redan ou de lunette, assez épais pour résister à la fusillade et devant donner des flanquements. Comme il faut de grosses pièces de bois pour la construction de ce tambour, on se contentera quand on en manquera, de barricader la porte en dedans avec des meubles et tout ce dont on pourra disposer. La défense des différents étages devra être indépendante. Pour faciliter la communication, on abattra les cloisons; on renversera aussi les escaliers quand il sera nécessaire, ne communiquant d'un étage à l'autre qu'au moyen d'échelles; quant à la toiture, comme l'ennemi pourrait l'incendier, on l'abattra et on recouvrira l'étage supérieur de fumier ou de terre. Tout autour de la maison, on construira des abattis. Les fenêtres seront bouchées, soit avec des poutres, des meubles ou des matelas. On ne ménagera que l'espace nécessaire pour les créneaux. On disposera dans l'intérieur de l'eau pour éteindre l'incendie et étancher la soif des hommes dans le combat. La défense de chacune des parties de la maison sera confiée à des officiers. Quand il s'agira de procéder à l'attaque d'un poste retranché, on commencera par exécuter une reconnaissance, pour étudier le plus possible les lieux. On choisira pour attaquer les derniers moments de la nuit. Comme les approches en sont meurtrières, on attaquera d'emblée les abords de la maison qui n'offriront pas généralement de résistance sérieuse.

Quelques hommes seront chargés de sacs à terre pour emboucher les créneaux au ras du sol; d'autres porteront des outils de démolition; une partie des assaillants visera les créneaux, une autre cherchera des issues, d'autres enfin s'ouvriront un passage en abattant une porte ou un pan de muraille. Lorsqu'on sera maître du rez-de-chaussée, au lieu d'attaquer les étages supérieurs, on disposera des pétards et de la poudre et l'on fera sauter l'ennemi, s'il refuse de capituler. On peut citer comme exemple la défense de la cassine de la Bouline, rapportée par Folard.

Dans la campagne de 1705, entre le prince Eugène et le duc de Vendôme, les Français se tenaient sur la défensive le long de la ligne de la Chièse. L'armée impériale avait pris sa ligne de bataille sur le prolongement de sa ligne d'opération, et à l'intersection de ces deux lignes se trouvait la cassine. Vendôme jugeant important d'occuper ce point avantageux, y envoya quatre compagnies de grenadiers formant en tout 200 hommes. Le bâtiment, entouré d'un mur de clôture, était en arrière d'un canal provenant de la Chièse, et sur lequel était un pont en pierre. Une porte cochère était située vis-à-vis ce pont, et de l'autre côté était une autre porte donnant sur la campagne; à droite se trouvaient les bâtiments d'exploitation; près de la porte du fond était un poulailler en pierre. Folard se jeta dans la cassine en volontaire et en organisa la défense. Il plaça quinze grenadiers dans le poulailler et une vingtaine dans un colombier flanquant la grande porte; d'autres garnirent les créneaux qui avaient été construits dans le mur de clôture, et le reste occupa les bâtiments. On alluma de grands feux au milieu de la cour, pour se reconnaître dans l'obscurité. Eugène détacha le général de Wurtemberg avec 1,500 grenadiers, pour réduire le poste. Ils se mirent d'abord à plat ventre, jusqu'à ce que le moment d'attaquer fût venu, puis ils entourèrent la cassine ; malheureusement les créneaux n'étaient qu'à trois pieds de terre et avaient près d'un pied de largeur, de sorte qu'ils furent facilement embouchés, et les défenseurs forcés d'abandonner la cour et de se réfugier dans les bâtiments. Folard et plusieurs autres se jetèrent dans le pressoir ; l'ennemi attaqua d'abord la porte cochère pour couper les communications de la cassine avec l'armée française, qui était rangée en bataille en arrière du canal; la porte était en bois de sapin, on avait placé en arrière une cuve à vin remplie de terre ; voyant qu'on attaquait la porte à coups de hache, Folard fit ranger ses grenadiers en arrière, et ordonna une décharge aux endroits où portaient les coups. Plusieurs assaillants furent tués ; néanmoins ils continuèrent et finirent par pratiquer dans la porte une ouverture très-basse à travers laquelle ils pénétraient un à un ; mais à mesure qu'ils passaient, ils étaient assommés ou tués à l'arme blanche, Folard ayant défendu de se servir des armes à feu pour ne pas donner l'éveil. Enfin l'ennnemi parvint à faire sauter la porte ; les têtes de colonnes furent d'abord assaillies et repoussées par les grenadiers de Folard ; mais inférieurs en nombre, ils ne tardèrent pas à être refoulés. Folard fut rejeté lui-même dans le poulailler, dont la partie inférieure ne tarda pas à être enlevée, mais comme le plafond en était très-bas, les grenadiers logés dans la partie supérieure firent un trou au-dessus de la porte, et tuèrent un à un tous les ennemis qui se présentaient pour entrer. Quant au colombier, il n'avait plus de porte, elle avait été jetée dans le feu ; on y montait par quelques marches ; plusieurs grenadiers se logèrent dans la partie supérieure, ne voulurent pas capituler, et continuèrent la fusillade. Enfin, au point du jour, les Français accoururent au secours de la cassine, et l'ennemi se retira après avoir eu 700 hommes hors de combat.

Les détachements de cavalerie sont propres, en général, aux opérations qui exigent de la célérité, et lorsqu'on doit parcourir un pays sans l'occuper. Ils marchent en colonne par pelotons, par quatre ou par deux, ayant soin de tenir toujours le côté gauche de la route, afin d'avoir, en cas d'attaque, à combattre à droite, ce qui est plus avantageux au cavalier. Si un détachement de cavaliers rencontre un défilé non barricadé, il le traversera au galop et par paquets, c'est-à-dire que quatre hommes s'y engageront d'abord et seront suivis par d'autres groupes à une minute d'intervalle.

S'il rencontre une rivière à traverser, rien ne lui sera plus facile que de la passer à la nage; seulement, comme la croupe des chevaux plonge dans l'eau, on aura soin de construire un radeau pour y placer les porte-manteaux des hommes. On évitera de faire passer les cavaliers dans des barques, tenant leurs chevaux à la main, car ces chevaux se jetant sur un côté du bateau pourraient le faire chavirer; la cavalerie devra choisir les routes les moins coupées, franchir rapidement les terrains où l'infanterie pourrait l'attaquer avec avantage.

Si l'on vient à rencontrer l'ennemi, on ne l'attaquera qu'autant qu'on aura des chances de le battre, et si le but du détachement peut n'être pas rempli sans danger pour l'armée. — Le commandant, avant d'attaquer, devra bien faire attention à l'état de fatigue de ses chevaux et à celui de ceux de l'ennemi, et, autant que possible, il s'aidera des circonstances du terrain. S'il a contre lui une bonne cavalerie de ligne, il l'attaquera en fourrageurs; les cavaliers se précipiteront contre les points faibles de la ligne ennemie qui en général sont les flancs, et chercheront à les enfoncer. Le service des détachements de cavalerie ne se fait ordinairement que par la cavalerie légère.

On forme les détachements mixtes, lorsqu'il y a probabilité d'avoir affaire à l'ennemi. Ordinairement ils ne sont composés que d'infanterie et de cavalerie, l'artillerie étant souvent embarrassante. Nous allons étudier leur formation, leur conduite et leur marche.

La formation est essentiellement subordonnée au terrain. En pays de plaine, le rôle principal appartient à la cavalerie, c'est le contraire en pays coupé. Le détachement étant composé d'infanterie et de cavalerie, les deux armes seront combinées de manière à pouvoir se prêter un appui mutuel. Dans les marches de jour et dans les pays de plaine, la cavalerie fournit l'avant-garde, l'arrière-garde et les éclaireurs sur les flancs; elle tient habituellement la tête du corps principal. Dans les pays montueux ou couverts, et dans les marches de nuit, l'avant-garde et l'arrière-garde sont fournies par l'infanterie, qui à son tour prend la tête du principal corps. Dans ce cas, quelques cavaliers précèdent l'avant-garde et suivent l'arrière-garde, pour avertir rapidement.

La marche sera réglée dans chaque corps, en particulier. Si le détachement est fort de 1,000 hommes, il y aura une heure d'intervalle entre le corps principal, l'avant-garde et l'arrière-garde. Le rôle du commandant d'avant-garde est de faire réparer les chemins, de chercher à surprendre les secrets de l'ennemi, de transmettre immédiatement au chef du détachement le résultat de ses observations; aperçoit-il une troupe ennemie, il en prévient de suite le chef, et, suivant ses ordres, il se replie ou brusque le passage. Dans une marche en avant, le rôle de l'arrière-garde ne se rattache qu'à des mesures de simple police. Dans une marche en retraite, elle jouera au contraire le rôle principal, et pour cela adoptera des dispositions particulières. Si elle est composée exclusivement d'infanterie, une moitié marchera en colonne par section, à distance entière; l'autre moitié formera une ligne double de tirailleurs, appuyée sur chaque flanc par un peloton, pour empêcher l'ennemi de la tourner. Si l'ennemi attaque et est repoussé, le commandant de l'arrière-garde doit éviter, en faisant un retour offensif, de s'engager trop avant à la poursuite des troupes vaincues, car il pourrait exposer le détachement.

Une arrière-garde composée de cavalerie adopterait la même disposition; une moitié des hommes en colonne, l'autre moitié en tirailleurs.

Si le commandant d'un détachement veut attaquer, il conciliera les avantages que présente le terrain sur lequel il se trouve avec les propriétés des différentes armes de son détachement. Il ne devra pas se conformer aux dispositions de l'ennemi, mais faire en sorte de le forcer à suivre son initiative, et pourra l'attaquer pendant cette manœuvre, qui sera pour lui un moment de crainte.

Les conditions du terrain indiqueront si l'initiative dans l'attaque appartiendra à l'infanterie ou à la cavalerie. Supposons un bataillon et un escadron attaquant deux bataillons en pays coupé, ces deux bataillons se réduisant au rôle d'une défense passive et occupant une hauteur; l'initiative appartiendra alors à l'infanterie; la meilleure disposition à lui donner sera de la faire arriver sur un front égal à celui de l'ennemi ; pour cela elle se déploiera en tirailleurs, ayant les deux extrémités flanquées par de forts détachements ; ainsi, dans ce cas, les 2e et 3e divisions se déploieront en tirailleurs et sur les flancs, les 1re et 4e divisions seront en colonne, par peloton. Si l'attaque réussit, la cavalerie accourra et se prolongera sur la ligne de retraite de l'ennemi, pour compléter la victoire.

Supposons maintenant que ces deux détachements soient en pays de plaine : les deux bataillons manœuvreront toujours pour gagner quelqu'obstacle, comme un fossé, une haie ; lorsqu'ils y seront arrivés, ils se feront couvrir en avant par une ligne de tirailleurs. Le bataillon s'avancera en colonne contre l'obstacle ; la cavalerie, pendant cette marche, balayera les tirailleurs, et menacera un flanc de la ligne ennemie ; celle-ci se formera rapidement en deux carrés, mais au moyen d'une attaque combinée d'infanterie et de cavalerie, ces deux carrés pourront être enfoncés.

On appelle poste un lieu susceptible de défense, pouvant recevoir du canon, dont la défense pourra être organisée à l'avance, ayant un commandant, un détachement spécial et un but à remplir. Les postes sont de deux espèces : les postes ouverts et les postes fermés. Nous allons étudier les devoirs d'un commandant de détachement devant occuper un poste de la 1re catégorie : il exécutera, avant l'arrivée de son détachement, une reconnaissance exacte de l'intérieur et des abords du poste, reconnaissance nécessaire pour établir ses dispositions, placer ses postes et indiquer la direction des patrouilles à faire. Il prendra ensuite pour point de rassemblement un lieu appelé place d'alarme. Le bon emplacement de cette place d'alarme sera, pendant le jour, du côté même de l'ennemi, à l'intersection des communications qui convergent du terrain occupé par l'ennemi sur le poste ; pendant la nuit, le lieu du rassemblement sera en tête de la ligne de retraite. Il examinera ensuite l'emplacement des postes et avant-postes, observant toutefois qu'il pourra diminuer de beaucoup le nombre de ceux qui seront destinés à voir sans être vus, en plaçant un homme dans le clocher de l'église. Quant à l'occupation même des lieux, les soins du commandant auront pour objet de réunir les hommes dans les maisons voisines, de barricader les communications qui pourraient amener l'ennemi, et d'établir des défenses intérieures ; il préviendra les hommes placés dans les maisons de faire un feu nourri par les fenêtres, et de ne pas en sortir, afin de ne pas s'exposer à être accablés dans les rues. La défense du poste sera en outre confiée à un piquet qui stationnera le jour sur la place d'alarme, la nuit à l'autre point de rassemblement. C'est à la faveur du mouvement offensif prononcé par ce piquet, que les hommes postés dans les maisons pourront exécuter leur retraite, si le poste est enlevé. L'attaque ne se fera pas de la même manière que celle d'un village servant d'appui à une ligne de bataille : au lieu de partager la troupe en trois fractions, elle le sera en quatre ; l'une se portera directement à la place d'alarme, pour attaquer la garde, une seconde au logement du commandant et des principaux officiers, pour tâcher de les enlever ; une troisième se portera partout où l'ennemi résistera, enfin, la quatrième constituera la réserve et enverra des patrouilles sur la ligne de retraite de l'ennemi.

Si le poste est fermé, l'attaque en sera plus difficile. On entend par postes fermés ceux qui ont une enceinte sans dehors. Il y a trois manières de l'attaquer ; par stratagème, par surprise ou de vive force. Ces stratagèmes dépendront uniquement de la nature des lieux, de l'état de la garnison, du caractère de son chef et du temps où on les exécutera. Ils dépendent enfin exclusivement des circonstances, mais dans tous les cas le plus grand secret est indispensable. Les deux premiers modes d'attaque, ayant beaucoup d'analogie entre eux, il suffit d'en étudier un. Pour l'attaque par surprise, l'assaillant devra toujours choisir le point le plus vulnérable pour faire son attaque principale. Un mur qui aurait moins de 6 mètres d'élévation serait toujours facile à escalader ; mais s'il est précédé d'un fossé de 1 mètre de profondeur et dont le fond ne soit pas solide, il sera presque à l'abri de toute surprise. Le chef de la troupe assaillante devra s'entourer de tous les renseignements possibles ; il cherchera à connaître la force de la garnison, la manière dont le service se fait. Si le commandant est peu vigilant, il mettra à profit ses défauts. Ces premiers renseignements pris, le chef de la troupe assiégeante formera sa colonne d'attaque. Autant que possible il la formera d'hommes d'élite. La force de cette colonne devra être égale à la force de la garnison, plus la moitié en sus. Pour cette expédition on se fournira d'outils, de haches, fascines, pétards ou bombes chargées, si l'on prévoit en avoir besoin. Cette colonne sera suivie d'hommes propres à manier ces outils. A défaut de soldats du génie, on peut prendre des ouvriers du pays qu'une garde force à travailler ; ces travailleurs seront placés entre les deux premiers pelotons ; le matériel sera en tête dans des voitures. L'avant-garde, les flanqueurs et l'arrière-garde seront très-rapprochés du corps principal ; les hommes seront sans sac et marcheront en ordre. On se mettra en route, de manière à commencer l'attaque une heure avant le lever du soleil ; plus tôt les patrouilles de l'ennemi seraient encore sur pied, et la garnison ou une partie sous les armes en les attendant.

A une distance de 2 kilomètres du poste, la colonne s'arrêtera : le commandant enverra une ou deux patrouilles, qui dans le plus grand silence s'avanceront jusqu'au bord du fossé pour s'assurer si l'ennemi n'a pas reçu l'éveil ; à leur retour, il prendra ses dispositions. En général, pour une attaque de ce genre, on simulera des attaques vraies et fausses pour partager l'attention de l'ennemi. Chacune de ces attaques a son chef particulier auquel le commandant donne ses instructions. Il lui indiquera le lieu qu'il devra attaquer, lui dira s'il fera sauter une porte ou tentera une escalade, et en cas de succès les opérations qu'il aura à accomplir dans l'intérieur du poste. Chaque colonne aura des outils, des travailleurs et un ou deux guides au besoin ; elle sera fractionnée en trois parties : la première composée d'hommes armés, la deuxième de soldats ayant le fusil en bandoulière, accompagnant les ouvriers, enfin la troisième devra comme la première faire usage de ses armes. Elle sera précédée par une avantgarde de deux ou trois hommes portant le fusil sous le bras pour empêcher le métal de se refléter. On avancera dans le plus grand silence. Un des guides marchera près du commandant, l'autre sera avec les travailleurs sous la direction d'un sous-officier. Parvenus au bord du fossé, les hommes s'y glissent successivement. S'il est rempli d'eau d'une profondeur moindre d'un mètre, l'escalade sera possible. S'il a un mètre on le passera à l'aide de quelques travaux. Si le fond en est vaseux, on y remédiera à l'aide de claies. Pour renverser une porte, on y fixera un pétard ou on placera auprès une bombe chargée. Quelques travailleurs se tiendront près de la porte, pour compléter l'effet de l'explosion. L'ennemi se portant au point attaqué, les hommes placés dans le fossé engageront la fusillade dès qu'il se montrera sur les murs. Quand le passage sera praticable, on y pénètrera baïonnette basse. Si on cherche à réussir par escalade, on remarquera que pour conditions indispensables, les échelles doivent dépasser au moins de un mètre la hauteur de la muraille. Beaucoup d'escalades ont manqué, faute de cette condition. Où observera de donner aux échelles assez de champ pour qu'elles ne se renversent pas et assez d'intervalle pour permettre aux hommes de circuler librement à l'entour. L'officier se tiendra au pied de l'échelle et fera monter les hommes un à un, pour qu'il n'y ait pas encombrement ; les premiers soldats arrivés se couchent en silence, tuent à l'arme blanche les sentinelles qu'ils surprennent. Le détachement ayant opéré l'escalade, se dirige sur la porte en face de laquelle est la réserve, en longeant le mur d'enceinte, et surprenant les postes qui s'y trouvent; on ouvre cette porte, et le détachement se présente dans la place. Il se fractionnera en quatre colonnes qui se conformeront chacune aux instructions qui leur auront été données préalablement. L'une se rend à l'habitation du commandant du poste, l'autre à la place d'alarme, la troisième occupe la partie dont on est maître et la quatrième envoie des renforts aux endroits où il y a le plus de résistance.

Lorsqu'on marchera dans une rue par les fenêtres de laquelle l'ennemi fera feu, on se formera sur deux files longeant les maisons de chaque côté, celle de droite tirera aux fenêtres de gauche et réciproquement. Si l'ennemi se présente, les files se rejoindront, se formeront par pelotons ou par sections et attaqueront à la baïonnette. Si c'est de la cavalerie qui prononce un mouvement offensif, on continuera de marcher par files et on tirera à bout portant sur les cavaliers, s'ils s'engagent au milieu de la rue.

La première attaque de Constantine échoua parce que les ouvriers manquèrent, le général Duvivier ne leur ayant pas donné de garde spéciale.

Les attaques de vive force s'exécuteront de la même manière.

Le commandant d'un poste pourra, avec de la sagacité, déjouer les stratagèmes de l'ennemi; avec de la vigilance, il se mettra à l'abri de toute surprise, et enfin, s'il a eu attention de réparer ses murailles, et si le fossé a 1 mètre 50 de profondeur, il n'aura à craindre qu'une attaque de vive force. Si l'ennemi se prépare à pétarder la porte, il la renforcera par des tombereaux de fumier; si au contraire on tente l'escalade, il fera une sortie latérale, pour renverser les échelles, et fera apporter sur le parapet des armes de longueur pour précipiter les hommes au fur et à mesure qu'ils se présenteront. Si, malgré tout, l'ennemi pénètre dans le poste, il en défendra les rues et s'enfermera dans le réduit, quand il y sera forcé. Il ne capitulera qu'autant qu'il aura épuisé toutes ses munitions, et qu'il aura vainement tenté de s'ouvrir un passage de vive force.

CHAPITRE XIII.

Des surprises. — Embuscade. — Surprise d'une sentinelle, — d'un poste avancé. — d'une position, — d'un convoi. — Missions spéciales. — Exécution d'un fourrage au vert. — Attaque d'un fourrage. — Fourrage au sec. — Contributions.

Les surprises sur une grande échelle ne sont guère possibles à la guerre, à cause des mesures de précaution dont on s'entoure. Il faudrait remonter à la guerre de sept ans pour en trouver des exemples. Pour exécuter une surprise, il faut une grande exactitude de renseignements; or, ces renseignements ne peuvent être donnés que par des déserteurs ou des espions, gens auxquels on se fie difficilement ; il faut connaître le pays et la langue. Les surprises se font de deux manières : 1° par une marche rapide et détournée, sur l'itinéraire de l'ennemi; 2° en attendant l'ennemi en un point de son itinéraire, c'est ce qu'on appelle une embuscade.

Dans une guerre d'invasion, les difficultés de cacher ses dispositions font que le premier genre de surprise présente plus de chances que les embuscades. Ainsi, dans la guerre d'Espagne, les embuscades tentées par nous ont rarement réussi. Les marches rapides ont eu plus de succès. Il en a été de même en Afrique. Ces marches doivent être exécutées d'après les conditions ordinaires, secret, célérité, ordre. Les divers corps d'éclaireurs seront plus rapprochés du corps principal que dans les marches ordinaires ; on marchera sur une seule colonne, car il serait difficile de combiner avantageusement les points de rassemblement. On partira de nuit en annonçant une autre direction. Lorsqu'on sera arrivé à proximité de l'ennemi, on l'attaquera avec un ordre enveloppant ; les chances sont généralement en faveur du détachement qui surprend. En 1835, le général Bergot qui était a Oran, apprenant qu'un parti arabe était sur la Sig à dix lieues d'Oran, prit la résolution de le surprendre ; il quitta Oran et vint bivouaquer sous la protection des blockhaus avoisinant la place. Son but était de cacher ses dispositions aux habitants, qui auraient pu en instruire l'ennemi. La colonne qu'il commandait était forte de 4000 hommes ; il se dirigea le long du littoral : le bruit fut répandu qu'il allait opérer une jonction avec un autre corps aux environs de Mostaganem. Il était parti pendant la nuit ; vers deux heures après midi, il fit un crochet et prit position sur un terrain coupé et environné de broussailles. On y fit halte et on attendit la nuit suivante ; il se porta alors par une marche rapide vers l'emplacement qu'occupait les Arabes. L'infanterie fit une attaque brusque à l'arme blanche, tandis que la cavalerie exécutait un mouvement tournant vers la ligne de retraite de l'ennemi ; pendant ce temps, les troupes auxiliaires qui avaient reçu l'ordre de se rendre au lieu de l'engagement, arrivèrent et on fut en assez grand nombre pour envelopper les Arabes. Cette attaque fut couronnée d'un plein succès.

Pour tenter une embuscade, on se portera sur le lieu choisi, en suivant une direction telle qu'on ait le moins de chance possible de rencontrer l'ennemi. L'infanterie sera dissimulée derrière les haies, des clôtures ou dans les maisons, la cavalerie exige d'autres conditions : elle sera placée assez loin du point d'attaque. Le commandant du détachement enverra des éclaireurs en très-petit nombre pour observer la route dans la direction de l'ennemi. Ces éclaireurs seront toujours doubles ; ils choisiront leur emplacement de manière à n'être pas vus.

Quelques hommes déguisés iront dans la direction de l'ennemi et auront l'air de travailler à la terre ; l'un d'eux ira renseigner le détachement embusqué. Si l'emplacement des troupes est trop rapproché, les éclaireurs ennemis le découvriront ; s'il est trop éloigné, l'attaque ne sera pas assez prompte. Le fractionnement en trois corps est habituel ; l'un coupe la ligne ennemie, le deuxième se prolonge sur sa ligne de retraite, le troisième soutient l'attaque ; cette attaque doit être brusque. On exécute un feu d'ensemble et on se précipite, baïonnette basse, sur l'ennemi, sans lui laisser le temps de se reconnaître, en profitant du désordre et de la confusion apportés dans ses rangs.

Sur une plus petite échelle, une surprise peut avoir pour but de s'emparer d'une sentinelle, d'un poste avancé, d'une position, d'un convoi. Dans le premier cas, il faut connaître l'emplacement du cordon, le terrain environnant, et la manière dont se fait le service chez l'ennemi; pendant la nuit une patrouille offensive prend la direction de la sentinelle; à 300 mètres environ, trois ou quatre hommes seulement vont l'envelopper. Ils s'avancent en silence, et lorsqu'ils sont à proximité, au signal de l'un d'eux, ils se précipitent sur la sentinelle, la menacent de l'égorger si elle fait le moindre bruit, et l'enlèvent.

Lorsqu'on a enlevé une sentinelle on peut arriver facilement à surprendre le poste. On peut, en s'embusquant, éviter la découverte ennemie, puis la suivre, et entrer avec elle dans le poste. — Pour surprendre une position, on forme une colonne assez forte, qu'on évite de scinder; quand elle est arrivée à proximité, elle fait une attaque brusque à la baïonnette; l'avant-garde tourne la position, et la réserve appuie l'avant-garde ou le corps principal, suivant le besoin. Quand la position est occupée, on ne poursuit pas l'ennemi immédiatement, on attend l'arrière-garde, et pendant ce temps, des détachements envoyés à droite et à gauche s'emparent des fuyards; la poursuite commence dès que l'arrière-garde est arrivée.

On comprend sous le nom de partisans, des troupes agissant sous le commandement d'un chef particulier, mais dont l'action rentre dans le plan général.

Dans la défensive, il est avantageux d'avoir des partisans, pour harceler l'ennemi sur sa ligne d'opération. On ne leur dit pas ce qu'ils doivent faire, mais seulement le but dans lequel ils doivent agir. Quand ils sont très-pressés, ils se rejettent dans les places. Leur chef a besoin d'une vigilance extrême. Les partisans sont ordinairement classés par départements ou par divisions, et sous la direction d'un chef supérieur qui leur transmet les nouvelles qui doit les intéresser. Dans l'offensive, les partisans servent quand on agit par des lignes d'opérations doubles, à raccorder entre-elles ces lignes d'opérations, et à couvrir les flancs des deux corps d'armée.

On comprend sous le nom de missions spéciales, les fourrages, les reconnaissances et les convois.

Faire un fourrage est une opération qui a pour but de rassembler ce qui est nécessaire pour la nourriture des chevaux, et même pour celle des hommes.

On ne fait un fourrage que quand il y a insuffisance dans l'approvisionnement de l'armée et que l'occupation de la position est continue. Un fourrage ne se fait pas à plus de deux myriamètres de la position.

On distingue le fourrage au vert, où l'on prend les denrées sur pied, et le fourrage au sec, où on les saisit emmagasinées.

Avant de faire le fourrage au vert, il faut une reconnaissance préliminaire pour distribuer le terrain à récolter proportionnellement aux divers corps. Cette reconnaissance est faite par l'intendance ou par l'état-major.

On sait qu'un hectare de bonne prairie donne 3,500 kilogrammes d'herbe; un hectare de prairie médiocre 2.500 kilogrammes; de mauvaise, 1,900 à 2,000 kilogrammes. On en fait faucher quelques mètres carrés dans les différentes parties de la prairie, et on a ainsi les données nécessaires pour faire la part de chaque corps. — Il faut 100 hommes travaillant une heure, pour faucher un hectare. Supposons que l'on doive faire un fourrage pour 500 chevaux pendant quatre jours, la ration du cheval, au vert, étant de 25 kilog., il faudra 2,000 rations ou 50,000 kilogrammes, ce qui fera environ 20 hectares à faucher.

Dans les terrains coupés, on joint aux fourrageurs une escorte d'infanterie; dans les terrains découverts, ce rôle revient à la cavalerie. Quant à la marche, elle s'exécute dans l'ordre suivant :

La cavalerie légère en tête; vient ensuite l'infanterie; derrière, les fourrageurs, conduits dans chaque corps par des officiers, puis enfin des voitures de réquisition pour emmener le fourrage, et une arrière-garde de cavalerie.

Cette escorte se place pendant l'opération de manière à garder le terrain occupé. On dispose la réserve, non pas en avant, mais à droite ou à gauche.

Ordinairement, les prairies sont situées sur le bord des rivières ; on place, dans ce cas, des postes de l'autre côté de la rivière. Si le terrain où est fait le fourrage se trouve en arrière d'un défilé, des postes seront placés en avant et au-delà. Si l'ennemi se présente pour interrompre le fourrage, le commandant de l'escorte le repousse ; si l'attaque est sérieuse, il fait prévenir le chef des fourrageurs. — Ces dispositions prises, les fourrageurs sont conduits sur le terrain qui leur est désigné ; les chevaux sont gardés sur la route par une partie des hommes, les autres fauchent et font des bottes de 25 kilogrammes. Un cheval peut en porter quatre, deux de chaque côté, et en outre, son cavalier. L'opération terminée, on s'éloigne dans le même ordre.

On attaque avec des forces suffisantes pour battre les fourrageurs et emporter le fourrage pour soi ; ou bien on veut seulement harceler l'opération. La meilleure direction à donner aux troupes d'attaque est une direction double ; une colonne se porte sur les fourrageurs, et une autre attaque l'escorte.

Avant d'exécuter un fourrage au sec, il faut faire une reconnaissance préliminaire, pour savoir de combien on peut frapper le village ; il faut connaître la quantité de terrain qui constitue les dépendances du village, savoir quel est le produit moyen des terres. Voici quelques données : On sait qu'un hectare fournit environ 16 hectolitres de grain ; on doit laisser à l'habitant la quantité nécessaire pour l'ensemencement des terres, qui est de deux hectolitres et demi pour un hectare, et en outre ce qu'il lui faut pour sa nourriture, trois hectolitres et demi par tête ; cette déduction faite, on peut exiger tout le reste en contributions. — Supposons un village dont les dépendances soient de 100 hectares de terres cultivées en grain, elles produiront 1,600 hectolitres de grain ; déduisons 250 hectolitres pour l'ensemencement des terres ; s'il y a 300 habitans, déduisons encore $300 \times 3\ 1/2 = 1,050$ hectolitres pour leur nourriture, nous aurons un total de 1,300 hectolitres, qui, retranché de 1,600, donne 300 hectolitres que l'on pourra exiger du village. Si l'on veut avoir du fourrage, il faut savoir le nombre de bestiaux renfermés dans le village. Or, un cheval consomme 8 kilogrammes de foin par jour, un bœuf 12 ; ces animaux ne restant au plus que six à huit mois au sec, on pourra donc établir à l'avance la contribution de fourrage que l'on pourra prélever.

Cette quotité étant fixée, on occupe le village, en formant avec l'escorte un cordon à l'entour, et en outre, une réserve ; on a aussi un piquet qui parcourt le village. On fait prévenir l'autorité municipale, qui le plus souvent exécute d'elle-même et fait porter la contribution à un lieu désigné ; mais lorsque les habitants se refusent à donner ce qu'on demande, on entre dans le village et on prend soi-même.

Pour évaluer la quantité de fourrage qui se trouve dans un magasin, on prend les trois dimensions, longueur, largeur, hauteur, et on cube le volume. Or, on sait qu'un mètre cube de foin pèse 130 kilog.; on aura donc ainsi le poids de la masse totale, et la ration étant de 5 kilogrammes, on pourra connaître le nombre de rations contenues dans le volume.

1 quintal métrique de blé donne. . .	162	rations.
1 id. de riz id. . . .	3,333	—
1 id. de légumes donne. .	1,666	—
1 hectolitre de vin donne	400	—
1 id. d'eau-de-vie donne. . . .	1,600	—
1 id. de bière ou cidre donne. .	200	—
1 quintal métrique de sel donne . . .	6,000	—

Quant aux procédés de défense et d'attaque, ils sont les mêmes que pour un fourrage au vert. — Si le village a été abandonné par les habitants, il faut exécuter des recherches ; avec des baguettes de fusils, on sonde les murs et le terrain ; pour s'assurer que les caves n'ont pas été remuées, on y jette de l'eau, et on creuse dans les endroits où l'absorption est la plus rapide ; dans les jardins on procède de la même manière, mais seulement dans les endroits où on voit qu'il y a ensemencement récent. L'on reconnaît les constructions nouvelles en ce qu'elles suintent et absorbent l'humidité plus facilement ; on mouille les murs pour s'en apercevoir. Quelquefois les habitants, pour faire croire que la maison a été visitée déjà antérieurement, laissent à dessein des traces de dévastation ; on ne doit pas s'arrêter à ces marques extérieures, et il faut toujours chercher.

Il peut arriver dans l'offensive que le général en chef juge à propos d'infliger des contributions au pays ennemi. On met à la disposition de l'intendance militaire des soldats dits garnisaires, pour forcer les provinces récalcitrantes à payer l'impôt ; mais si c'est en présence de l'ennemi, il faut prendre certaines dispositions. Ces opérations sont ordinairement confiées à de la cavalerie. Pour augmenter l'effe moral, on y joint quelquefois une section d'artillerie. L'officier commandant le détachement se rend à la commune la plus éloignée, c'est-à-dire à celle la plus rapprochée de l'ennemi. La marche doit être exécutée en secret. Si le détachement rencontre l'ennemi, il l'évitera; si on passe près d'un poste, on le fera observer. Arrivé au lieu sur lequel on se dirige, il faut faire une reconnaissance pour s'assurer s'il n'est pas occupé par l'ennemi. Dans ce cas, on bat en retraite. Dans le cas contraire, on commence par investir le village et on enlève les habitants que l'on trouve dans les champs. S'il ne s'en trouve pas, on fait une irruption subite dans le village, et de manière à prendre quelques otages. Le détachement se met sur la défensive, le commandant désigne un officier accompagné d'un homme ou deux, qui se rend près du maire et lui enjoint de se transporter auprès du commandant du détachement. Si le maire refuse de s'exécuter, on lui assigne un premier délai; si à la suite de ce délai, la contribution n'est pas rentrée, on lui en accorde un deuxième beaucoup plus court. Enfin on brûle une ou deux maisons et on emmène les otages. C'est ce qu'on appelle une exécution militaire.

Quelquefois on se contente de se rendre au centre du pays que l'on veut mettre à contributions, et l'on envoie, soit des habitants, soit des soldats, enjoindre aux différentes communes de porter à un lieu de rassemblement désigné, ce qui leur est demandé, en les menaçant d'exécution militaire si elles refusaient d'obéir aux ordres donnés. Lorsqu'on a reçu des contributions en argent, on les charge sur des bêtes de somme, moins embarrassantes que des voitures.

En général, on ne prendra jamais, pour se retirer, le même itinéraire, dans la crainte de rencontrer l'ennemi, qui aurait pu être averti.

CHAPITRE XIV.

Des reconnaissances, — offensives, — spéciales, — journalières. — Espions. — Déserteurs. — Prisonniers. — Voyageurs. — Parlementaires. — Indices. — Cartes. — Rapports.

Il y a trois espèces de reconnaissances : celles offensives, celles spéciales et celles journalières.

On définit par reconnaissance tout mouvement de troupes ayant pour but de reconnaître la position de l'ennemi ou les mouvements qu'il aurait exécutés.

Les reconnaissances offensives sont déterminées par le besoin de reconnaître, avec la plus grande précision possible, la position générale, ou certains points de la position de l'ennemi, et d'apprécier exactement ses forces et ses moyens matériels de défense. Elles appartiennent aux combinaisons et aux opérations générales, elles peuvent amener des résultats importants et autres que ceux qu'on se proposait. Le commandant en chef peut seul les ordonner. En général, cette reconnaissance est un engagement très-chaud qui précède ordinairement une bataille. A Austerlitz, l'ennemi dut en grande partie ses revers à la négligence qu'il apporta à faire cette reconnaissance. A la bataille de la Moscowa, l'Empereur prélude, le 5 septembre 1812, par faire enlever une redoute qui dominait la gauche de l'ennemi ; le 6, de cette redoute, il étudie sa position, il fait son plan de bataille ; pour le rectifier, il se prolonge sur la ligne de bataille des Russes. — C'est pendant cette reconnaissance du général en chef que les officiers d'état-major exécutent cette série de profils dont nous avons parlé.

Les reconnaissances spéciales ont pour but l'appréciation du terrain, des obstacles qu'il présente, quelquefois aussi, celle des forces de l'ennemi. Ces opérations sont confiées à des officiers d'état-major. Ces reconnaissances exigent un lever à vue et un rapport. L'officier chargé d'une telle mission reçoit les instructions du général en chef; il en donne avis au général de brigade le plus près, qui lui donne un détachement suffisant pour favoriser sa mission. — L'officier de troupe commandant le détachement, doit prendre les dispositions qui permettront à l'officier d'état-major d'accomplir sa mission. On occupera les hauteurs et les points desquels on peut le mieux observer. — On déploiera en avant une ligne de tirailleurs, appuyée à chacune de ses extrémités, à un peloton; la réserve sera défilée en arrière de l'éminence. Les tirailleurs soutiennent le combat pendant que l'officier d'état-major fait un lever à vue et dresse son rapport. Il faut un très-grand coup-d'œil pour apprécier le terrain, par rapport à la guerre. On doit se prémunir contre les défauts d'optique, qui peuvent produire de fâcheuses erreurs; pour reconnaître la force d'une colonne que l'on aperçoit, on observe sur quel front elle marche, et combien de temps elle met à passer devant un objet fixe; il est facile alors de déterminer ce nombre par un calcul. Si on avait, dans ces sortes de reconnaissances, de la cavalerie elle pourrait servir avec avantage à former des patrouilles, et ensuite à couvrir la retraite.

La sûreté des camps, des cantonnements et des postes avancés, exige des reconnaissances journalières; l'objet de ces reconnaissances est de s'assurer si l'ennemi, à la faveur de terrains coupés, montueux, ou d'autres dispositions propres à favoriser un mouvement offensif ou une embuscade, ne peut préparer une surprise; — si ses avant-postes n'ont été ni augmentés ni mis en mouvement, et si dans ses camps ou bivouacs, il ne se passe rien qui annonce des préparatifs de marche ou d'action. — Ordinairement, ces reconnaissances se font, ou par force, ou par ruse; dans les terrains coupés, elles seront faites par de l'infanterie; dans les pays de plaine, par de la cavalerie, et autant que possible par les deux armes.

A l'heure indiquée par le général, le détachement chargé d'une reconnaissance se met en route; il ne doit pas excéder une force de 30 ou 40 hommes. La formation la plus avantageuse est celle-ci : on fera précéder le détachement d'une avant-garde marchant à environ 200 mètres; cette avant-garde sera composée d'un brigadier, et trois hommes et un guide marchant à côté du brigadier. — Des éclaireurs choisis parmi les cavaliers les mieux montés, les plus propres à ce genre de service, et autant que possible, parlant la langue du pays, précèdent l'avant-garde et flanquent la reconnaissance ; — ils doivent rarement s'écarter pendant le jour, au point de perdre de vue le détachement. Il ne faut pas que deux éclaireurs gravissent ensemble une éminence. Ils se portent principalement sur les points culminants, tandis que l'un y monte rapidement, l'autre s'arrête à mi-côte, afin de pouvoir, si le premier vient à être enlevé, préserver le détachement de surprise. Le détachement marche par deux ou par quatre ; l'officier commandant a son guide à côté de lui ; à la gauche de la colonne, se trouvera un caporal ou un sous-officier avec deux hommes. A chaque changement de direction, le détachement laisse un soldat pour diriger l'arrière-garde. Il faut éviter les grandes routes; on doit marcher en silence, lentement, pendant la nuit s'arrêter pour écouter, s'abstenir de fumer, éviter de marcher devant des obstacles qui réflètent la lumière (ainsi un mur blanc éclairé par les rayons de la lune). Les reconnaissances ne doivent s'engager dans les villages, vallées, ravins, gorges ou bois, qu'après que les éclaireurs les ont exactement fouillés et qu'ils ont pris les renseignements nécessaires, même des otages, parmi les habitants. — Elles font rester en arrière les individus qui marchent dans la même direction qu'elles, et arrêtent les gens suspects. Arrivé à l'endroit désigné, l'officier arrête le détachement et l'embusque en deux ou trois postes ; ces postes doivent être à une distance telle, les uns des autres, qu'ils puissent se secourir mutuellement. L'officier se porte au poste le plus avancé, prenant avec lui un ou deux hommes, se glisse sur un point élevé et observe. Presque toujours, avec le système d'avant-postes actuels, la reconnaissance est aperçue; on poursuit l'officier, qui se replie sur le premier détachement, qui se présente. L'ennemi croit alors à une embuscade, et ralentit sa poursuite. Le deuxième détachement se montrant, l'ennemi s'arrête incertain. Enfin, si la poursuite devient trop vive, on se dissémine, et on se rallie sur un point désigné. Si la reconnaissance a été éventée et qu'elle manque, on en recommence une autre immédiatement, et presque toujours elle réussira.

Il y a sept cas particuliers de reconnaissance : la reconnaissance d'un corps en position ; elle est difficile à exécuter, puisqu'il faut franchir la ligne d'avant-postes de l'ennemi. L'heure la plus avantageuse est le point du jour ; les corps prennent en ce moment les armes et attendent la rentrée des découvertes.

Les reconnaissances permanentes : elles sont plus faciles dans un pays ami. Si l'on a à reconnaître la force d'une colonne ennemie, on l'oblige à se déployer en l'attaquant ; quant à sa direction, elle est facile à connaître. En 1801, la division Duchesne était dans la Forêt-Noire ; une découverte de dragons annonça que l'on voyait les hussards et les pandours autrichiens. Duchesne envoie une reconnaissance qui charge immédiatement la colonne ennemie et l'oblige à se déployer, ce qui permet d'apprécier sa force ; elle était forte de trois à quatre mille hommes, et Duchesne, averti, fit prendre les armes à sa division.

Pendant une bataille, on fait des reconnaissances sur les flancs, pour s'opposer à tous mouvements tournants. L'officier se porte sur un point central du flanc, et envoie des patrouilles qui doivent sonder le terrain et observer l'ennemi. A Ligny, en 1815, au moment de l'attaque, on rendit compte à l'Empereur que 30,000 hommes manœuvraient pour lui couper la retraite. On crut que c'était une colonne ennemie, et la garde ne prit pas part à l'action pour s'opposer à cette troupe. Cependant cette colonne était celle de Davoust, qui manœuvrait pour tourner l'ennemi. Ce fait démontre le soin qu'il faut apporter à une reconnaissance.

Il y a encore des reconnaissances à faire après une bataille gagnée, pour déterminer la ligne de retraite de l'ennemi. Ainsi, après Austerlitz, on chercha l'ennemi sur Olmutz, et il était sur Erga. Ce faux avis fit manquer la poursuite.

Quand on bat en retraite, on fait une reconnaissance pour voir si l'ennemi ne vous a pas coupé votre ligne de retraite.

Pour reconnaître un village gardé par l'ennemi, il faut le forcer à démasquer son dispositif de défense ; pour cela, l'infanterie, divisée en trois corps, simule l'attaque, la cavalerie tourne le village et observe l'intérieur, lorsque la reconnaissance est faite, la cavalerie revient et couvre la retraite. Il faut que cette reconnaissance soit soutenue.

Toute reconnaissance exige un rapport écrit ; le style de ce rapport doit être clair, simple, positif ; l'officier qui le fait y distingue expressément ce qu'il a vu par lui-même, des récits dont il n'a pu vérifier l'exactitude.

Il doit fournir les indications suivantes :

Routes. — Leur direction, leur largeur moyenne, constante ou variable ; leur nature, pavée ou ferrée ; leurs embranchements ; la pente des nouvelles routes varie de $1/18$ à $1/24$; pour les anciennes, de $1/12$ à $1/14$; au-delà de $1/10$ les pentes ne sont plus accessibles aux voitures ; sont-elles bordées d'arbres ou de haies ? — en corniche ? — les chemins sont-ils praticables aux voitures ? La voie des voitures est de 2 m. 30 ; — sont-ils couverts ? — de quelle nature est le fonds ? — indiquer les endroits à réparer pour les rendre praticables ; — quantité de travail nécessaire pour les réparer.

Sentiers. — Leur direction ; indiquer s'il est possible, avec quelques travaux, d'en faire des chemins.

Cours d'eau. — Examiner la nature des eaux, celle du lit, l'encaissement des bords ; — sont-ils boisés ? — la rivière est-elle navigable ? la profondeur doit pour-cela être de 0,75, la pente de $1/2000$; — est-elle flottable ? dans ce cas la profondeur peut n'être que de 0,60 ; — grandeur, forme et quantité des bateaux qu'elle porte, — rapidité du courant ; — y a-t-il des remous, des gués ? — profondeur à leur entrée, à leur sortie ; — escarpement des rives ; — difficulté d'arriver à l'eau.

Ponts. — Leur nature ; — nombre d'arches ; — hauteur du parapet ; — sont-ils pavés ou non ; — leur largeur, leur longueur ; — y a-t-il des maisons à proximité ?

Bacs. — Leur emplacement, leur capacité.

Haies. — Leur nature, leurs profils.

Habitations. — Dispositions des fermes ; leur nature, leur emplacement, leur construction, leur couverture, leurs abords ; — murs de clôture, leur hauteur, leur épaisseur, leur état de conservation ; — les caves sont-elles voûtées ? — nombre des entrées ; — nature des escaliers ; — épaisseur des murs.

Terrain. — Parties cultivées; — examiner leurs clôtures, la nature des champs; — s'assurer si les prairies sont marécageuses.

Bois. — Futaies, — taillis; — praticables ou non; — parties marécageuses; — nature du sol; — parties dépouillées; — évaluation des pentes: les pentes de 30° sont praticables, de 45°, elles sont inaccessibles, et ne peuvent être gravies qu'en s'aidant de la main.

Grâces au système d'avant-postes employé dans les armées, les reconnaissances journalières ne peuvent donner que des renseignements sur le front de la position de l'ennemi. Il reste à s'en procurer, sur ce qui se passe en arrière. Pour arriver à ce but, on se sert de différents moyens, sur lesquels il est bon de donner quelques détails. On obtient ces renseignements au moyen des espions, des déserteurs, des prisonniers, des voyageurs, et enfin, des parlementaires.

Espions. — On les range en trois catégories: les espions volontaires, — les espions doubles, — les espions forcés.

Les espions volontaires comprennent l'habitant ou le soldat qui, par dévouement, consent à prendre un déguisement et à passer dans le camp ennemi pour en rapporter des renseignements utiles à l'armée.

On range encore dans cette catégorie des individus appartenant à des partis politiques qui, placés au sein même de vos ennemis, peuvent vous renseigner utilement. On sait, par exemple, que ce fut par suite des intelligences qu'il avait dans Paris, que l'empereur Alexandre se décida au grand mouvement du mois de mars 1814.

L'espion volontaire comprend encore, et c'est le plus habituel, l'individu qui, pour de l'argent, consent à faire ce métier. Il appartient, en général, à certaines classes de la société; ainsi les contrebandiers, les colporteurs et les juifs.

L'on assigne à chacun de ses espions sa spécialité: l'un vous tient au courant du départ, de la force et de l'arrivée des convois; un autre, des détachements que l'ennemi fera sortir; un troisième, des mouvements généraux, de l'embarras provenant du manque de solde ou de vivres; un quatrième, de l'esprit, de la discipline et du moral de l'armée; enfin, un dernier vous dresse des situations, des contrôles. On doit les bien payer, puisqu'ils ne sont guidés que par l'intérêt. Quand on soupçonne quelqu'infidélité, il ne faut pas hésiter à s'en défaire. Dans tous les cas, il faut agir avec beaucoup de circonspection, ne jamais dire ses projets, et même, quelquefois, faire de fausses confidences, enfin, éviter de se mettre dans leur dépendance. Il ne faut pas non plus se fier toujours à leurs rapports; on doit les mûrement réfléchir et les comparer avec soin. (Recourir aux pièces justificatives de l'ouvrage du maréchal Gouvion-St-Cyr, pour voir comment l'état-major autrichien avait organisé le service des espions dans l'armée française, pendant la campagne de Russie.)

On entend, sous le nom d'espions doubles, des individus qui servent à la fois les deux partis, afin d'avoir un plus fort gain. Quand ils ont été reconnus tels, il est souvent possible d'en faire usage pour donner de faux avis à l'ennemi. Ainsi, à la bataille de Steinkerque, sous Louis XIV, Luxembourg ayant gagné le secrétaire du prince d'Orange, et celui-ci ayant démasqué le traître, le força d'écrire au maréchal qu'un fourrage aurait lieu à telle heure et dans telle direction: à l'aide de ce faux avis, il put organiser une surprise avec ses meilleures troupes. L'armée française s'en tira néanmoins victorieusement

Lors de la bataille de Marengo, un espion double, par ordre de Mélas, instruisit Bonaparte que l'armée autrichienne devait se porter dans la direction de Gênes, et non dans celle d'Alexandrie; le général Bonaparte envoya une partie de son armée dans cette direction; il fut alors attaqué dans des conditions défavorables. On sait que pourtant encore, les troupes françaises battirent l'ennemi.

L'espion forcé est celui qu'on oblige, en menaçant sa famille ou ses biens, à passer dans le camp ennemi, pour en rapporter des renseignements utiles

On peut encore se renseigner au moyen des déserteurs. Il ne faut pas cependant leur accorder une trop grande confiance. Quand des déserteurs se présentent aux avant-postes, ils sont tout d'abord désarmés et conduits à l'officier qui commande le poste le plus voisin; celui-ci les interroge séparément, écrit leurs réponses, et remet, cachete, cet interrogatoire au sous-officier chargé de conduire les déserteurs au quartier-général, où l'on procède à un autre interrogatoire. Les questions adressées au déserteur sont celles-ci : on lui demande le numéro de son régiment, de sa brigade, de sa division; on l'interroge sur les causes de sa désertion; si c'est pour opinion politique, on peut lui accorder plus de confiance que si c'est par indiscipline et libertinage. On lui demande les précautions qu'il a eu à prendre pour déserter sans être vu des avant-postes; on s'informe de la position et des mouvements de son régiment, s'il est cantonné, retranché; comment se fait le service des vivres; sont-elles abondantes; fait-on des distributions de souliers, prépare-t-on les armes, ce qui indiquerait un mouvement.

Quand on fait des prisonniers, il faut les interroger immédiatement, pendant qu'ils sont encore sous une impression morale qui les porte à obéir instinctivement; on ne doit pas attendre que la réflexion les conduise à se rappeler le point d'honneur militaire, qui défend de rien dire ou faire qui puisse porter préjudice aux siens. On accorde encore moins de confiance à leurs récits qu'à ceux des déserteurs. Les questions qu'on leur adresse sont les mêmes.

Les lois de la guerre permettent qu'on arrête les voyageurs et qu'on exige d'eux tous les papiers, lettres ou journaux dont ils sont porteurs, et qui peuvent intéresser l'ennemi. On les questionne sur l'état de la route, s'ils ont aperçu des troupes, si le prix des denrées est élevé, ce qui annoncerait un rassemblement.

Au moyen de tous ces renseignements, on peut arriver à savoir ce qui se passe chez l'ennemi.

Desaix, signalé comme un excellent général d'arrière-garde, était parvenu, par sa grande sagacité, à tirer des conclusions certaines de faits qu'il venait à connaître, et devinait, sur ces indices, tous les projets de l'ennemi. En résumé, il ne faut pas ajouter une foi entière à tout ce que l'on apprend, mais il ne faut pas non plus négliger les plus petits renseignements qui peuvent mettre sur la voie de plus importants.

Si les précautions prescrites par le règlement étaient négligées, un officier envoyé en parlementaire, connaissant la langue de l'ennemi, et ayant l'attention de ne pas le faire paraître, pourrait recueillir des renseignements précieux.

Les précautions prescrites par le règlement sont d'ailleurs de faire retourner le parlementaire face au camp d'où il est parti; dès qu'il est arrivé aux avant-postes, de lui bander les yeux, puis de le conduire à l'officier-général, si celui-ci le permet. La veille de la bataille d'Austerlitz, l'empereur Alexandre envoya à Napoléon son aide-de-camp, le prince Dolgorouki; Napoléon qui, contre son habitude, avait demandé une entrevue, alla lui même recevoir le prince aux aux avant-postes, et ne lui fit pas bander les yeux. L'aide de-camp remarqua que dans l'armée française tout inspirait la timidité, et qu'une retraite prochaine paraissait imminente; en effet, par ordre de l'Empereur, de tous côtés, sur le passage du parlementaire, on travaillait à se retrancher, et les paroles de l'Empereur lui-même, portaient le cachet de l'hésitation. Toutes ces remarques furent rapportées au général russe, et augmentèrent encore sa présomption déjà si grande. La bataille fut livrée sous cette influence, et l'on en connaît le résultat.

INDICES. — On peut tirer de certains faits, des indices probables. Si on distribue des souliers, si on nettoie les armes, indices de mouvements; s'il arrive des munitions nombreuses, des uniformes, arrivée de nouvelles troupes; réunion de vivres sur un point, indices de rassemblement sur ce point; si des bois et des bateaux sont réunis sur une rive, probabilité d'une tentative de passage; feux de bivouacs plus nombreux, faiblesse ou retraite; les traces de pas sont des indices de la force d'une colonne, de sa direction, de sa composition; l'inquiétude ou l'insolence des habitants d'un pays ennemi, sont encore des indices.

CARTES. — Les cartes servent à vous renseigner et sont indispensables, quels que soient les renseignements que l'on ait pu se procurer. On divise les cartes en générales et en particulières; quelles que bonnes qu'elles soient, il faut encore pourvoir à de nombreuses vérifications; on doit connaître les meilleures cartes pour chaque pays. Un indice de la bonté d'une carte, est le soin apporté à sa gravure; en France, les meilleures cartes sont celles du dépôt de la guerre; viennent ensuite celles des ponts-et-chaussées et de Cassini En Allemagne, les meilleures sont celles de l'Institut de Weimar, de l'état major autrichien et de l'état-major prussien à un moindre degré; les cartes de Leymann sont encore assez estimées. En Belgique, nous avons les cartes de Ferrari; en Italie, celles du dépôt de la guerre, qui datent de la domination française; en Espagne, il y a peu de bonnes cartes, excepté quelques parties exécutées par une société de savants français et espagnols. Celles de Lopez sont inexactes.

L'itinéraire du général Guilleminot peut être consulté avantageusement.

Quelle que soit l'échelle d'une carte, elle ne contiendra jamais tous les sentiers et accidents de terrain dont la connaissance est indispensable aux petites opérations ; on ne peut donc se passer du secours de guides, on se les fait donner par l'autorité municipale, ou bien encore on les prend soi-même. Le dernier paysan d'un village connaît fort bien tous les sentiers qui environnent son village dans une certaine zone, mais il ne faudra pas l'employer hors de cette zone. Quand on craint l'infidélité d'un guide, on le fait particulièrement surveiller, on l'attache même au besoin. C'est faute de ces précautions que les plus grands malheurs sont arrivés à des détachements. On comprend que ces hommes, placés à l'avant-garde et exposés aux dangers, cherchent à s'y soustraire. On doit avoir soin encore de s'assurer de leur intelligence, et il est important de bien les payer. Certaines professions sont surtout aptes au service de guides, ainsi, les marchands colporteurs, les Auvergnats, les Basques, qui parcourent souvent l'Espagne avec des mulets. Dans la campagne de 1808, Soult avait été coupé à la suite de son expédition en Portugal, et aurait eu son armée compromise, si un Basque ne l'eût guidé à travers la Sierra d'Estrilla, par des chemins inconnus, même des habitants. Le maréchal Gouvion-St-Cyr s'échappa aussi, en Catalogne, par un sentier qui lui fut indiqué par un Basque.

Convois. — On entend par convois une expédition de nature quelconque, faite de la base d'opération principale ou d'une base successive, à un point du front d'opération ; c'est aussi un transport de prisonniers ou de malades.

Les convois sont plus ou moins nombreux, suivant le système de guerre. Dans une guerre de position, par exemple, quand l'armée reste en permanence dans un lieu qu'elle a choisi. le pays tout autour de cette position est bientôt ruiné, et il y a nécessité alors de s'approvisionner par des convois, ils sont alors très-nombreux. Dans une guerre de mouvement, au contraire, l'armée, parcourant toujours de nouveaux pays, trouve sans cesse des ressources sur son passage, et les convois deviennent alors moins nombreux

L'opération de diriger un convoi est toujours très-importante et très-délicate; la défense d'un convoi est difficile, en ce que les hommes et les voitures ne peuvent pas se combiner tactiquement, les files sont toujours très-étendues, et les points d'attaque difficiles à prévoir. La meilleure manière de protéger un convoi, est de couvrir la zone qu'il parcourt de troupes légères qui éclairent et balaient le terrain; mais il y a souvent utilité d'une protection et d'une défense immédiate. Il est donc nécessaire de savoir comment on procède; nous observerons l'ordre suivant : Détails sur le matériel; — mode de marche; — mode d'attaque, — de défense; — cas particuliers.

Le matériel pour le transport se compose de voitures, de bateaux, de bêtes de somme.

Les voitures des équipages militaires sont attelées à quatre chevaux et occupent dans la file 12 m. 50; les voitures de réquisition sont le plus ordinairement des charrettes à limonières qui ont à peu près la même longueur. Il doit y avoir quatre pas de distance d'une voiture à l'autre, afin d'éviter les à coups dans la marche. On doit toujours avoir des pièces de rechange pour les voitures, telles que roues, timons, etc.

Le règlement de 1832 sur le service des armées en campagne, laisse peu de choses à ajouter, aussi copions-nous textuellement les instructions qu'il nous donne, concernant la marche, la défense et l'attaque des convois :

« La force et la composition de l'escorte d'un convoi doivent être calculées d'après la nature du convoi, son importance, les dangers qu'il peut avoir à courir, les localités à traverser, la longueur du trajet, etc.

» Si c'est un convoi de poudre, l'escorte doit être plus nombreuse, afin qu'elle puisse mieux en éloigner le combat. La cavalerie ne concourt à l'escorte des convois que dans la proportion nécessaire pour éclairer au loin la marche. Cette proportion est plus considérable dans un pays ouvert; elle est moindre dans un pays coupé, montueux ou boisé.

» Autant que possible, on attache à chaque convoi des sapeurs, et à défaut de sapeurs, des habitants munis d'outils propres à aplanir toutes les difficultés locales ou à former rapidement quelqu'obstacle défensif par des abâtis d'arbres ou autrement.

» L'officier-général chargé d'organiser un convoi, donne au commandant une instruction écrite très-détaillée.

» Quand un convoi est considérable, il est essentiel de le partager en plusieurs divisions, et de placer près de chacune le nombre d'agents nécessaires pour la maintenir dans l'ordre; un petit détachement d'infanterie est attaché à chaque division, et s'il y a dans le convoi des voitures du pays, des soldats sont répartis de distance en distance pour en surveiller les conducteurs.

» Les munitions de guerre sont habituellement en tête du convoi; les voitures portant des subsistances marchent ensuite, puis viennent celles qui sont chargées d'effets militaires.

» Les voitures auxquelles les officiers ont droit, forment une division séparée. Toutefois, ces dispositions sont subordonnées aux projets présumés de l'ennemi; les voitures dont la conservation importe le plus à l'armée, doivent toujours marcher dans l'ordre le plus propre à les préserver du danger.

» Le commandant d'un convoi se fait donner tous les renseignements possibles sur la proximité de l'ennemi, sa force, la nature des lieux et l'état des chemins; il vérifie l'exactitude de ces renseignements par des reconnaissances poussées aussi loin qu'il est besoin; il ne se met jamais en route qu'après avoir reçu le rapport de ces reconnaissances et donné en conséquence ses instructions aux troupes chargées de l'éclairer. La prudence doit présider à toutes ses dispositions.

» Le convoi a toujours une avant-garde et une arrière-garde; le commandant concentre le gros de l'escorte sous ses ordres immédiats, au point le plus important, ne laissant aux autres points que de petits corps, ou seulement des gardes.

» Dans les terrains entièrement découverts, le corps principal marche sur les côtés de la route, à hauteur du centre du convoi; dans les autres circonstances, il marche, soit à la tête, soit à la queue, selon que l'une ou l'autre est plus exposée aux attaques de l'ennemi.

» L'avant-garde part assez à l'avance pour aplanir les obstacles qui retarderaient la marche du convoi; elle fouille les bois, les villages et les défilés; elle se lie avec le corps principal par des cavaliers chargés de transmettre au commandant les renseignements qu'elle recueille et de recevoir ses ordres; elle reconnaît le terrain propre aux haltes et à l'établissement des parcs.

» Si l'on craint pour la tête de la colonne, l'avant-garde s'empare de tous les défilés et de toutes les positions où l'ennemi pourrait opposer des obstacles ou des troupes. Le corps principal qui suit alors de plus près l'avant-garde, la remplace dans ces positions, et n'en repart que lorsque la tête du convoi l'a rejoint; il y laisse, s'il en est besoin, quelques troupes qui sont relevées successivement par les petits corps laissés à l'escorte des voitures; la position n'est abandonnée entièrement que quand la totalité du convoi l'a dépassée, ou plus tard encore, si le commandant le juge convenable.

» Des règles analogues sont suivies lorsque les derrières du convoi sont menacés; l'arrière-garde est alors chargée de rompre les ponts, de barricader et détériorer les chemins, et d'opposer à l'ennemi le plus d'obstacles possibles. Elle se lie au convoi par des cavaliers.

» Si les flancs sont menacés, si en même temps le terrain est peu accessible, entrecoupé, et s'il y a plusieurs défilés à passer, la défense du convoi est plus difficile. On ne doit avoir alors que peu de monde à l'avant-garde et à l'arrière-garde; les positions qui peuvent couvrir la marche sont occupées par le corps principal, avant que la tête soit parvenue à hauteur de ces positions, et jusqu'à ce que le convoi soit entièrement au-delà.

» Si le convoi est considérable, et si l'on doit passer par des endroits que la force et la proximité de l'ennemi rendent dangereux, il est quelquefois nécessaire, de crainte qu'il ne se trouve compromis en totalité, d'en faire partir les divisions séparément et à intervalles, pour ne les réunir qu'après le passage effectué. Dans ce cas, la majeure partie des troupes marche avec la première division; les positions dont elle s'empare sont couvertes par des tirailleurs et des éclaireurs, et au besoin par des petits postes, ces positions ne sont abandonnées que lorsque la totalité du convoi a passé.

» Si le convoi a du canon, le commandant en dispose comme l'indiquent les localités et les circonstances.

» Pour hâter le trajet et faciliter la défense, on fait marcher les voitures sur deux files, toutes les fois que la largeur de la route le permet. Si une voiture se casse, elle est tirée hors de la route ; quand elle est réparée, elle prend la queue du convoi ; si la réparation en est impossible, son chargement est réparti sur les autres voitures ; ses chevaux fournissent du renfort aux attelages qui en ont besoin.

» D'heure en heure, on s'arrête quelques instants pour laisser reprendre haleine aux attelages, et donner le temps aux dernières voitures de serrer à leur distance. Il n'est fait que très-rarement de grandes haltes, et seulement dans des lieux reconnus à l'avance et favorables à la défense du convoi ; les villages environnants sont fouillés, ainsi que les terrains qui pourraient servir à cacher l'ennemi ; les chevaux ne sont pas dételés, on se garde militairement.

» La nuit, on parque de manière à se défendre contre une attaque ouverte, ou à se garder d'une surprise, et de préférence loin des lieux habités, si le pays qu'on traverse est ennemi ou mal disposé.

» Pour parquer, les voitures sont habituellement placées sur plusieurs rangs, essieu contre essieu, les timons dans une même direction ; on laisse entre chaque rang une rue assez large pour que les chevaux puissent y circuler aisément. Si l'on craint une attaque, le parc est formé en carré.

» Au départ du convoi, chaque division ne bride qu'au moment où elle est prête à suivre le mouvement de la division qui la précède.

» Défense d'un convoi. — Dès que le commandant est averti de la présence de l'ennemi, il fait serrer le plus possible les files de voitures et continue sa marche dans le plus grand ordre. Ordinairement il évite les occasions de combattre ; cependant, si l'ennemi l'a devancé dans un défilé ou sur une position qui domine la route, il l'attaque vigoureusement avec une grande partie de sa troupe, mais il ne s'abandonne pas à la poursuite, afin de ne jamais s'éloigner du convoi, et de ne pas donner dans le piége d'une fausse retraite. Le convoi qui a dû s'arrêter ne reprend sa marche qu'après que la position a été enlevée.

» Quand le commandant du convoi s'est assuré que les forces de l'ennemi sont trop supérieures aux siennes, il se décide à parquer ; le parc est formé hors de la route et en carré. Lorsqu'il n'est pas possible de sortir de la route, les voitures doublent les files, si elle ne se trouvent pas déjà dans cet ordre, chaque voiture serra sur la précédente le plus possible, le timon placé en dedans de la route; en tête et à la queue du convoi, des voitures seront mises en travers pour fermer le passage.

» Les conducteurs des voitures sont à pied, à la tête de leurs chevaux, pour mieux en être maîtres. Les tirailleurs tiennent le plus longtemps possible l'ennemi loin du convoi; s'il devient nécessaire de les soutenir, le commandant y pourvoit, mais avec la plus grande circonspection, parce qu'il est essentiel qu'il conserve réuni le plus de monde possible, pour le moment où l'ennemi fera ses plus grands efforts.

» Dans le cas où le feu prend au convoi, il faut, s'il est parqué, s'occuper d'éloigner les voitures enflammées, ou, si on ne le peut, les voitures de munition d'abord, puis celles qui se trouvent sous le vent. Sur une route, on renverse dans le fossé les voitures en combustion, après en avoir ôté les attelages.

» On essaye de faire filer un certain nombre de voitures, si la tournure que prend le combat rend ce moyen extrême nécessaire, et si la nature du pays ou la proximité d'un poste en favorisent l'exécution.

» Quelquefois le commandant abandonne à l'ennemi une partie du convoi pour sauver l'autre; dans ce cas, il laisse de préférence les voitures chargées de vin ou d'eau-de-vie, et ne sacrifie les munitions de guerre qu'à la dernière extrémité.

» Lorsqu'après une défense opiniâtre, et la perte de la majeure partie de sa troupe, le commandant se sent trop faible pour résister plus longtemps, et qu'il ne peut espérer aucun secours, il fait mettre le feu au convoi, puis il tente, par une action vigoureuse, de se frayer une issue et d'emmener les chevaux d'attelage; il les tue plutôt que de les abandonner à l'ennemi. (On leur coupe le jarret.)

» La défense d'un convoi est une opération difficile; le point d'attaque est indéterminé, et l'on est obligé de couvrir une grande étendue de terrain avec peu de monde. Le seul principe que l'on puisse prescrire est de prendre telles dispositions qui contraignent l'ennemi à faire des mouvements circulaires sur un rayon assez étendu, manœuvre toujours dangereuse.

» ATTAQUE D'UN CONVOI. — Puisque la défense d'un convoi est difficile, l'attaque est au contraire une opération avantageuse. Pour l'entreprendre cependant avec des chances de succès, il faut se trouver dans de certaines relations de force avec l'escorte du convoi. L'infanterie doit être égale, et la cavalerie au moins deux fois plus nombreuse. On peut cependant tenter l'attaque avec des forces moindres, si l'on est favorisé par le terrain et les circonstances. Il est avantageux d'attaquer à certains instants ; ainsi, quand les voitures prennent leur rang de marche ; au moment d'une halte, les hommes se couchent dans les fossés, d'autres s'éloignent à la recherche de l'eau ; à l'entrée de la nuit, au moment où le convoi va parquer, dans un défilé ; sur une pente rapide, etc.

» On partage, pour attaquer un convoi, ordinairement sa troupe en quatre fractions : l'une attaque en tête, la seconde un point central ; la troisième la queue, enfin la dernière forme la réserve. On leur prescrit de chercher à renverser quelques voitures, afin d'arrêter la marche du convoi. La réserve fera face aux renforts qui arriveraient à l'escorte. Si le convoi est parqué, on harcèle l'escorte, on cherche à l'en éloigner, on feint même de battre en retraite, pour arriver à ce but ; si l'on y parvient, une colonne désignée à l'avance se précipite sur le convoi, coupe les jarrets des chevaux et enlève, en doublant les attelages, les voitures contenant les chargements les plus précieux, que l'on s'est fait indiquer par les prisonniers.

» La défense d'un convoi de prisonniers de guerre présente des difficultés particulières ; a-t-on à s'arrêter pour résister à l'ennemi, il faut les obliger de se tenir couchés, avec menace de tirer sur eux s'ils tentent de se relever avant d'en avoir reçu l'ordre. Dans tout autre cas, il faut presser leur marche, atteindre un village et les y enfermer dans une église ou dans un grand bâtiment dont on défend les approches.

» Les convois par eau sont escortés d'après les mêmes principes ; chaque bateau reçoit un petit poste d'infanterie, une partie de la troupe précède ou suit le convoi avec des bateaux particuliers ; la cavalerie qui marche à la hauteur du convoi, l'avant-garde et l'arrière-garde, qui font également route par terre, se lient aux bateaux par des flanqueurs, et leur font passer les avis qui les intéressent. Lorsque les rivières coulent entre des montagnes très-rapprochées, la majeure partie de l'infanterie doit suivre par terre, pour empêcher l'ennemi de s'établir sur les sommités et d'inquiéter le convoi.

» En cas d'attaque, on concentrera son escorte sur la rive menacée par l'ennemi.

» Il est avantageux, pour l'assaillant, de faire une démonstration sur la rive opposée. Si l'on possède de l'artillerie, on cherche alors à couler les bateaux. »

CHAPITRE XV ET DERNIER.

Axiomes. — Aphorismes et conseils donnés par quelques grands capitaines.

Pour terminer cet ouvrage, il peut être utile de rapporter ici quelques conseils donnés sous forme d'aphorismes par de célèbres écrivains militaires.

Nous devons à l'empereur Léon des principes de tactique qui peuvent trouver leur application dans tous les temps. Tels sont, par exemple, ceux ci :

1° Un général prudent et circonspect n'entreprend rien qu'après un mûr examen ; il considère le nombre des ennemis, la nature de leurs forces et la situation des lieux ; il réfléchit sur tous les événements fâcheux, sur tous les cas imprévus, et prépare d'avance les moyens d'y remédier ;

2° Si les ennemis se servent de lances, il les attire dans des lieux difficiles ; s'ils sont inférieurs en cavalerie, il choisit les plaines ;

3° Le jour du combat, montrez-vous aux troupes avec un visage calme et sérieux, puis, n'engagez la bataille qu'après avoir reconnu l'ordonnance de l'ennemi et découvert toutes ses dispositions ;

4° Pendant que vous mettez votre armée en bataille, couvrez-vous par des troupes légères, pour dérober vos dispositions à l'ennemi. Tâchez de tomber sur lui avant qu'il soit tout-à-fait formé, vous en triompherez sans peine ;

5° Profitez des bois, des ravins, des cavités, des vallées, pour y cacher une partie de vos troupes, qui viendront fondre inopinément sur les flancs et les derrières de ceux que vous attaquez ;

6° Placez la cavalerie sur les ailes, et que l'infanterie règle sa marche en bataille sur la cohorte du centre, où se trouve le général ;

7° Méfiez-vous des mouvements de retraite de l'ennemi ; souvent ils ne sont qu'une ruse pour vous attirer dans un piége ;

8° Si vous êtes vaincu, ne désespérez de rien, mais ne hasardez pas de nouveaux combats avant de donner à vos soldats le temps de raffermir leur courage. Si Dieu vous donne la victoire, profitez de vos avantages et poursuivez l'ennemi jusqu'à sa ruine complète.

MONTECULLI a donné les conseils suivants :

1° Concevez lentement et exécutez promptement ;

2° Donnez quelque chose au hasard, car qui veut tout prévoir est incapable de rien faire ;

3° Combattez à votre choix, et jamais à la volonté de l'ennemi ;

4° Donnez de la réputation à vos armes ;

5° Mettez-vous à même de profiter de toutes les conjonctures ;

6° Si des obstacles naturels ne couvrent pas vos flancs, ayez recours à l'art, creusez des tranchées, faites des abâttis ;

7° Il faut toujours prévenir l'ennemi, et le charger avant qu'il soit en bataille ;

8° Marcher si le terrain est égal, mais rester en position si l'on s'y trouve d'une manière avantageuse ;

9° Tirer continuellement, mais les uns après les autres, pour ne pas être dégarni de feu, et viser particulièrement les officiers ;

10° N'engager les réserves que dans un pressant besoin, et se ménager un dernier appui ;

11° Si vous êtes vainqueurs, ne laissez pas à l'ennemi le temps de se reconnaître ; soulevez les peuples, gagnez les alliés, tandis que les esprits, avides de nouveautés, se trouvent ébranlés.

Voici quelques principes émis par FRÉDÉRIC-LE-GRAND :

Les meilleures batailles sont celles que l'on force l'ennemi à recevoir. En refusant une aile et en renforçant celle qui doit attaquer, on peut porter beaucoup de forces sur l'aile de l'ennemi qu'on veut prendre en flanc ; cette manière d'attaquer offre ces trois avantages : attaquer le point décisif, pouvoir prendre l'offensive avec des forces inférieures, ne compromettre que les troupes que l'on met en avant, et avoir toujours le moyen de se retirer. — Les attaques sur le centre amènent les victoires les plus complètes, car si on parvient à le percer, les ailes sont perdues (c'était aussi l'opinion de Napoléon Ier).

Frédéric pensait que les attaques de village coûtaient plus de monde qu'elles ne rapportaient de fruit, et le maréchal de Saxe, au contraire, attachait une grande importance à ce mouvement offensif.

Il faut, à la guerre, observer cette série de préceptes :

1° Ne jamais attaquer les troupes qui occupent de bonnes positions dans les montagnes ; mais les débusquer en occupant des points sur leurs flancs et leurs derrières ;

2° Rassembler ses cantonnements sur le point le plus éloigné et le plus à l'abri de l'ennemi ;

3° Une division d'armée doit éviter de se battre seule contre toute une armée qui a déjà obtenu des succès ;

4° Il faut que le point de réunion d'une armée, en cas de surprise, soit toujours désigné en arrière, de sorte que tous les cantonnements puissent y arriver avant l'ennemi ;

5° On ne doit jamais attendre son ennemi dans ses lignes de circonvallation ; il faut en sortir pour l'attaquer ;

6° Il ne faut pas attaquer de front les positions qu'on peut emporter en les tournant ;

7° On doit éviter le champ de bataille que l'ennemi a reconnu, étudié, et encore avec plus de soin, celui qu'il a fortifié ;

8° Ne faites pas de marche de flanc devant une armée en position, surtout lorsqu'elle occupe les hauteurs aux pieds desquelles vous devez défiler ;

9° Ne séparez jamais du centre les ailes de votre armée, de manière à ce que l'ennemi puisse se placer dans les intervalles ;

10° Les camps d'une même armée doivent être placés de manière à ce qu'ils puissent se soutenir les uns les autres ;

11° Il faut toujours conserver avec soin sa ligne d'opération ;

12° Il ne faut jamais faire de détachement la veille du jour d'une attaque, parce que dans la nuit, l'état des choses peut changer, soit par les mouvements de retraite de l'ennemi, soit par l'arrivée de grands renforts qui le mettent à même de prendre l'offensive et de rendre funestes les dispositions prématurées que vous avez faites ;

13° Une armée doit être tous les jours, toutes les nuits, et à toutes les heures, prête à opposer toute la résistance dont elle est capable ;

14° L'ennemi présente toujours au combat sa partie la plus forte, c'est-à-dire le front, ce qui fait dire en style militaire qu'il faut éviter d'attaquer le taureau par les cornes ; les parties faibles d'une ligne de bataille sont les flancs et le derrière, c'est donc sur ces points que l'attaque doit diriger une grande partie de ses efforts.

Le général JOMINI, écrivain militaire, distingue douze ordres de batailles offensifs. En voici un résumé succinct :

1° *L'ordre parallèle simple*. C'est le plus élémentaire, mais aussi le plus mauvais, car il n'y a aucune science à faire combattre deux armées à chances égales, bataillon contre bataillon ;

2° *L'ordre parallèle, avec un crochet sur le flanc*. Cet ordre se prend le plus ordinairement dans une position défensive, lorsque l'armée assaillante est supérieure en force ;

3° *L'ordre parallèle renforcé sur une aile*. Il est plus favorable que les deux premiers, et plus conforme au principe général de la tactique, lequel est de porter toute la masse de ses efforts sur un point.

4° *L'ordre parallèle renforcé sur le centre*. Il est analogue au précédent, avec cette différence que l'effort principal de la bataille, au lieu de se porter sur une aile de la ligne ennemie, se portera sur son centre ;

5° *L'ordre oblique simple ou renforcé sur une aile*. Il convient le mieux à une armée faible qui attaque une armée supérieure. Le plus ancien exemple que l'histoire en ait conservé, est l'emploi qu'en fit Épaminondas aux batailles de Leuctres et de Mantinée. Frédéric-le-Grand lui dut aussi la victoire de Leuthen.

6° et 7°. *L'ordre perpendiculaire sur une aile ou sur deux ailes*. Il ne peut être considéré que comme une formule de pure théorie, car l'armée attaquée perpendiculairement, ne manquerait pas de changer son front de bataille pour faire face à son ennemi, et l'armée assaillante elle-même, pour engager la bataille, serait obligée de quitter la perpendiculaire pour s'aligner, au moins en partie, dans le sens de l'autre armée;

8° *L'ordre concave sur le centre.* Il peut être bon par suite d'événements de la bataille, quand l'ennemi s'engageant imprudemment dans le centre qui cède devant lui, se laisse envelopper par les deux ailes; mais si l'on prenait un pareil ordre avant la bataille, l'ennemi ne manquerait pas de tomber sur les ailes qui se présenteraient à lui par le flanc, c'est-à-dire dans la position la plus désavantageuse; c'est en adoptant cet ordre pendant l'engagement des deux armées, qu'Annibal gagna la bataille de Cannes. Au lieu de disposer l'armée suivant une courbe, il paraît plus rationnel de lui donner la forme d'une ligne brisée rentrant vers le centre et échelonnée. C'est en se formant sur cet ordre échelonné, que les Anglais ont gagné la bataille d'Azincourt;

9° *L'ordre convexe, saillant au centre.* Il se prend d'ordinaire après le passage d'un fleuve, quand on est forcé de refuser les ailes pour demeurer appuyé aux flancs et couvrir les ponts, ou bien encore avant le passage d'un fleuve, et pour les mêmes raisons. L'armée française le prit à la bataille de Fleurus en 1794 et réussit, parce que le prince de Cobourg, au lieu de diriger toutes ses forces sur le centre, les éparpilla en différentes directions, et notamment sur les deux ailes. Ce fut aussi l'ordre de l'armée française à la bataille d'Essling;

10° *L'ordre échelonné sur les deux ailes.* Il est à peu près dans le même cas que l'ordre perpendiculaire sur les deux ailes. Cependant il offre cet avantage que le centre étant moins ouvert, il n'est pas aussi facile à l'ennemi de s'y jeter et de diviser l'armée;

11° *L'ordre échelonné sur le centre.* Il peut s'employer avec succès contre une armée trop étendue, parce que le centre de cette armée ne se trouvant pas soutenu par les ailes, pourrait être accablé sans difficulté dans cet isolement. Mais si les ailes ennemies pouvaient venir à propos tomber sur les flancs du premier échelon, le succès de la bataille pourrait se trouver promptement compromis. Il y a un exemple de cette disposition dans l'attaque du camp retranché de Bunzelwite, par Landon ;

12° *L'ordre en colonne sur le centre et sur une aile.* Il est préférable au précédent pour l'attaque d'une ligne continue ; il est peut-être même le plus rationnel de tous les ordres de bataille. L'aile qui se trouve serrée entre l'attaque du centre et celle de l'extrémité, est exposée à une perte presque certaine, qui entraîne la perte du reste de l'armée. Ce fut cet ordre de bataille qui fit triompher Napoléon Ier aux affaires de Ligny et de Wagram ; il employa aussi cette manœuvre à Bautzen et à Borodino, mais avec un succès moins décisif, à cause d'incidents particuliers qui dérangèrent ses calculs. Napoléon Ier prétendait, au surplus, qu'il fallait changer la tactique de la guerre tous les dix ans, si l'on voulait conserver quelques avantages.

Nous trouvons dans Végèce les axiomes suivants :

1° Un soldat inexercé est toujours un conscrit, quels que soient son âge et le nombre de ses campagnes ;

2° Tâchez de réduire l'ennemi par la disette, par la terreur de vos armes, par les surprises, plus que par les combats, parce que c'est la fortune qui en décide le plus souvent ;

3° Il n'y a point de meilleurs projets que ceux dont on dérobe la connaissance à l'ennemi ;

4° Savoir saisir les occasions est un art encore plus utile à la guerre que la valeur ;

5° Des manœuvres souvent nouvelles rendent un général redoutable ; une conduite trop uniforme le fait mépriser ;

6° Qui laisse disperser ses troupes à la poursuite des fuyards, s'expose à perdre la victoire qu'il avait gagnée ;

7° Délibérez avec plusieurs ce qu'en général il pourrait convenir de faire, mais décidez avec un très-petit nombre, ou même seul, sur ce que vous devez faire dans chaque cas particulier ;

8° Il y a plus de science à réduire l'ennemi par la faim que par le fer.

Végèce.

1° Pour faire la guerre, il faut de l'argent, encore de l'argent, toujours de l'argent;

2° Il faut combattre un corps faible avec une troupe nombreuse;

3° Si l'on est bien posté sur un terrain, on peut y attendre un ennemi plus fort; si l'avantage est égal, il faut marcher à lui.

Frédéric-le-Grand.

1° La santé est indispensable à la guerre et ne peut être remplacée par rien;

2° L'art de la guerre se réduit pour ainsi dire à un seul principe : réunir sur un point donné une plus grande masse que l'ennemi;

3° Il ne faut jamais entreprendre que sur un point à la fois, et toujours en masse;

4° Il faut faire à l'ennemi un pont d'or, ou lui opposer une barrière d'acier;

5° Il est des batailles qui placent un empire entre la victoire et la défaite;

6° Selon les lois de la guerre, tout général qui perd sa ligne de communication doit être fusillé;

7° On ne gagne pas de bataille avec de l'expérience;

8° Les soldats changent quelquefois; ils sont braves un jour et lâches l'autre;

9° Un régiment ne périt jamais devant l'ennemi, il s'immortalise;

10° L'unité du commandement est la chose la plus importante à la guerre. Deux armées ne doivent jamais être placées sur un même théâtre;

11° Il faut éviter les marches de flanc, et lorsqu'on en fait, il faut les faire les plus courtes possible, et avec un grande rapidité;

12° En bataille comme à un siége, l'art consiste à faire converger le plus grand nombre de feux sur un même point;

13° Le sort d'une bataille est le résultat d'un instant, d'une pensée; on s'approche avec des combinaisons diverses, on se mêle, on se bat un certain temps; le moment décisif se présente, une étincelle morale prononce, et la plus petite réserve accomplit;

14° Un général qui voit par les yeux des autres, ne commandera jamais une armée comme elle doit être commandée.

Napoléon Ier

On ne décourage pas plus l'ennemi avec des retraites, que les masses tumultueuses avec des concessions.

Maréchal Bugeaud.

1° Une armée ne doit jamais approcher des bois et des montagnes sans les occuper entièrement;

2° On ne doit exécuter devant l'ennemi aucun mouvement de conversion, à moins que ce ne soit pour former la ligne sur un flanc attaqué;

3° La meilleure évolution est celle qui peut être exécutée par un certain nombre d'hommes, dans le moindre espace de temps et de terrain.

Lloyd.

FIN

TABLE DES MATIÈRES.

CHAPITRE PREMIER. — Art militaire. — Stratégie. — Tactique. — Guerre. — Armée. — Réserve. 5

CHAPITRE II. — Organisation de l'armée. — Angleterre. — Prusse. — Russie. — Espagne. — France. 12

CHAPITRE III. — Infanterie. — Son mode d'action. Ordre déployé. — Ordre en colonne. — Colonne de route, — de manœuvre, — d'attaque. — Formation en carré. — Évolutions de ligne. — Formations en échelons, — en échiquier. — Dispositions défensives contre la cavalerie. — Tirailleurs. 32

CHAPITRE IV. — Cavalerie. — Ses avantages, — ses inconvénients. — Cavalerie légère. — Cavalerie de ligne. — Cavalerie de réserve. — Remonte de la cavalerie. — Son instruction. — Ses formations. — Mode d'action de la cavalerie. — De la charge. — Du rôle de la cavalerie dans les batailles. 49

CHAPITRE V. — Artillerie. — Son utilité. — Ses perfectionnements. — Tir de plein fouet. — Tir roulant. — Tir à ricochet. — Tir à pleine volée. — Influence du terrain sur le tir. — Composition de la batterie. — Manœuvre de l'artillerie. 63

CHAPITRE VI. — Tactique des différentes armes. — Combinaison des différentes armes entre elles. — Infanterie et cavalerie. — Infanterie et artillerie. — Cavalerie et artillerie. — Infanterie, cavalerie et artillerie. 70

CHAPITRE VII. — Des positions militaires. — Front. — Abords. — Flancs. — Intérieur. — Derrière. — Obstacles en avant de la position. — Étude du terrain. — Défense des positions. 75

CHAPITRE VIII. — Des marches. — Marches-manœuvres. — Composition des colonnes. — Avant-garde. — Flanqueurs. — Arrière-garde. — Dispositif des colonnes. — Direction des colonnes. — Marches rétrogrades. — Marches de flanc. 80

CHAPITRE IX. — Des batailles. — Bataille offensive, — défensive, — de rencontre. — Points d'attaque. — Dispositions d'attaque. — Ordre parallèle. — Ordre oblique. — Attaque sur une aile. — Attaque sur deux ailes. — Engagement et ses phases. — Poursuites et retraites 87

CHAPITRE X. — Cas particuliers des batailles. — De l'occupation des villages, — leur forme, — leur nature, — leurs abords. — Défense des villages. — De l'attaque d'un village. — Les bois, — leur défense, — leur attaque. — Attaque et défense d'une hauteur, d'une redoute, d'un retranchement. — Défilé. — Attaque et défense d'un défilé, — en avant, en arrière. — Passage des rivières. — Reconnaissance d'un gué. 99

CHAPITRE XI. — Camp et cantonnement. — Zône d'avant-poste. — Postes à la Cosaque. — Védettes. — Petits postes. — Grand'gardes. — Patrouilles. 116

CHAPITRE XII. — Petites opérations de la guerre. — Composition des détachements. — Détachement d'infanterie. — Détachement de cavalerie. — Détachement mixte. — Poste retranché. — Défense et attaque d'un poste. 125

CHAPITRE XIII. — Des surprises. — Embuscade. — Surprise d'une sentinelle, — d'un poste avancé, — d'une position, — d'un convoi. — Missions spéciales. — Exécution d'un fourrage au vert. — Attaque d'un fourrage. — Fourrage au sec. — Contributions. 139

CHAPITRE XIV. — Des reconnaissances, — offensives, — spéciales, — journalières. — Espions. — Déserteurs. — Prisonniers. — Voyageurs. — Parlementaires. — Indices. — Cartes. — Rapports. . . 146

CHAPITRE XV. — Axiomes, Aphorismes et conseils donnés par quelques grands capitaines. 163

www.ingramcontent.com/pod-product-compliance
Lightning Source LLC
Chambersburg PA
CBHW060526090426
42735CB00011B/2394